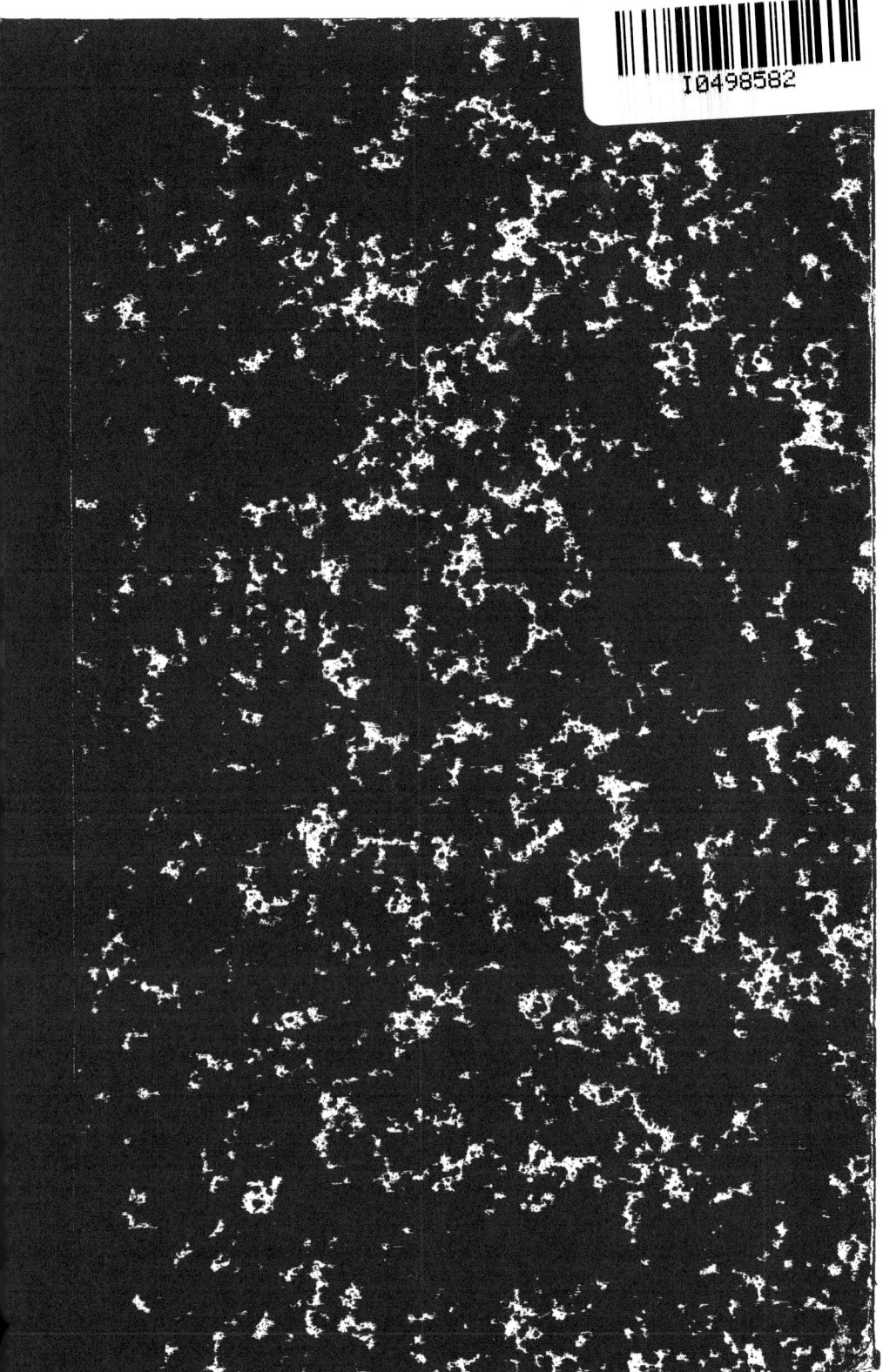

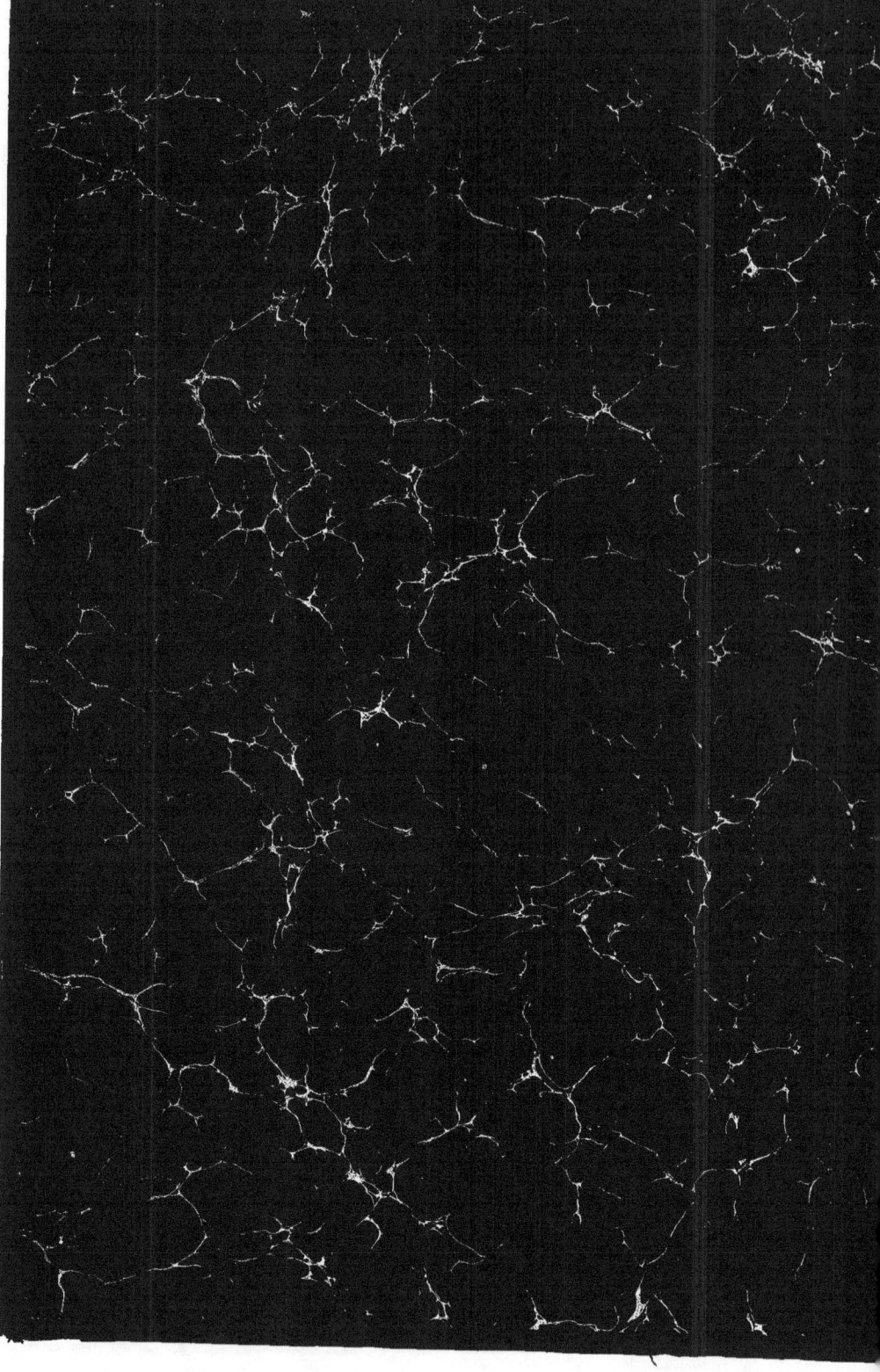

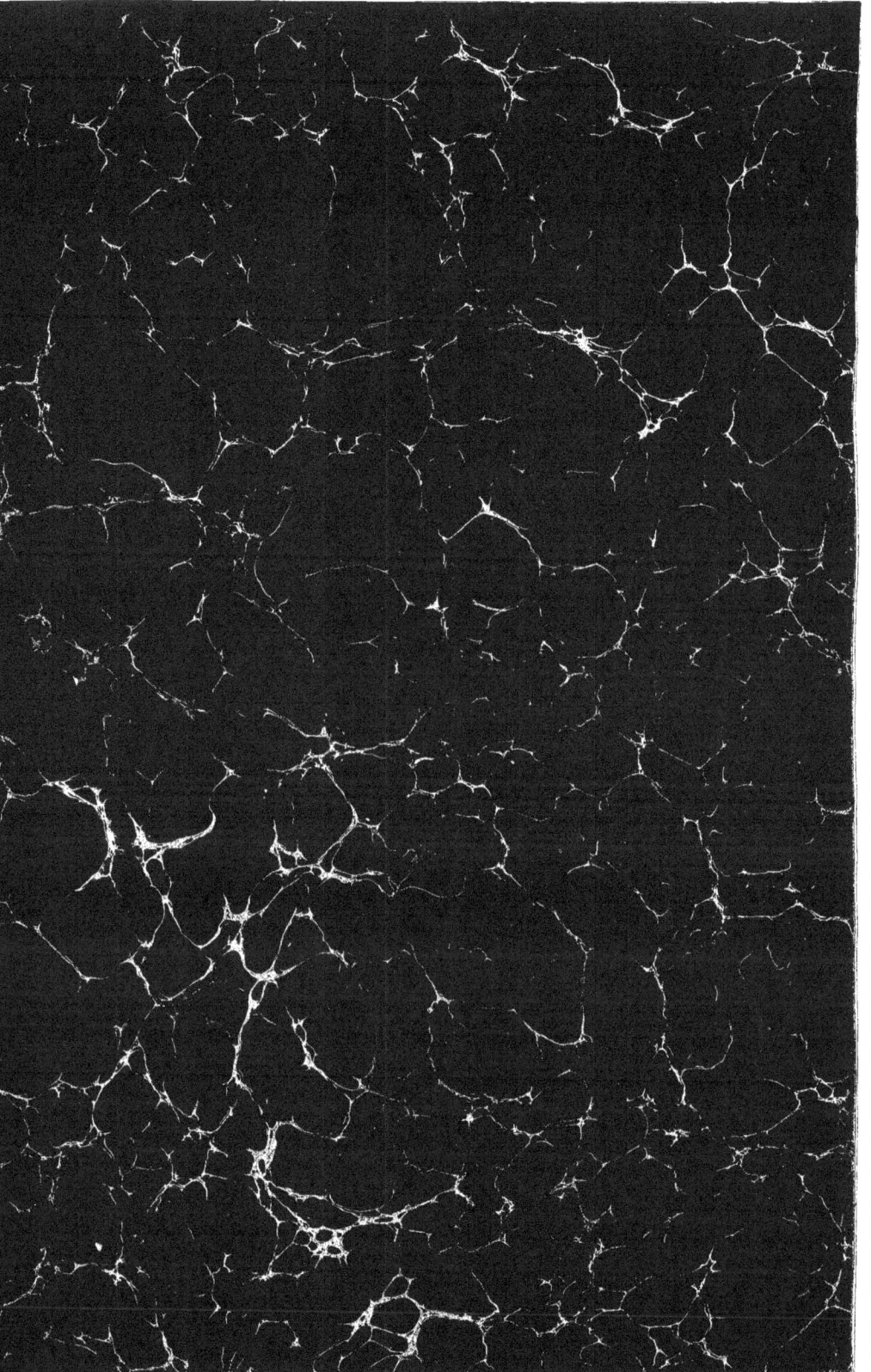

V

LES
# GEMMES ET JOYAUX
## DE LA COURONNE

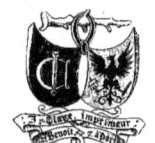

MUSÉE IMPÉRIAL DU LOUVRE

LES

# GEMMES ET JOYAUX

## DE LA COURONNE

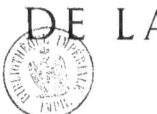

PUBLIÉS ET EXPLIQUÉS

PAR

HENRY BARBET DE JOUY

CONSERVATEUR DU MUSÉE DES SOUVERAINS
ET DES OBJETS D'ART DU MOYEN AGE ET DE LA RENAISSANCE

DESSINÉS ET GRAVÉS A L'EAU-FORTE D'APRÈS LES ORIGINAUX

PAR

JULES JACQUEMART

1865

EN VENTE

A LA CHALCOGRAPHIE DES MUSÉES IMPÉRIAUX
COUR CARRÉE DU LOUVRE

A PARIS
1865

A MONSIEUR

# LE COMTE DE NIEUWERKERKE

SÉNATEUR

MEMBRE DE L'INSTITUT, SURINTENDANT DES BEAUX-ARTS

*Monsieur le Surintendant,*

*La collection des gemmes & joyaux de la couronne s'est formée de siècle en siècle par l'adjonction des objets rares de pierres fines & pierres dures, qu'ont possédés & se sont transmis les princes qui ont régné sur la France; ceux de ces objets qu'une tradition historique désigne comme ayant été à l'usage de l'un d'eux, ont été, par la volonté de l'Empereur, réunis dans le Musée des Souverains, dont S. M. a daigné me confier la garde : parmi ceux-ci, & pour n'en citer que quelques-uns, sont l'épée de Childéric, fils de Mérovée & père de Clovis, l'épée de Charlemagne, celle de François I<sup>er</sup>, l'agrafe du manteau royal & l'anneau de saint Louis; il en est d'autres, en plus grand nombre, rassemblés successivement dans les trésors, les cabinets, les garde-meubles de la couronne, conservés tour à tour à Fontainebleau sous les Valois, à Versailles sous Louis XIV, sous Louis XVI à Paris, qui au commencement de ce siècle ont été transportés au Musée du Louvre. Ce sont des œuvres exquises, créées aux plus belles époques de l'art, vases, coupes, aiguières, taillées dans le cristal de roche, dans la sardoine & le jaspe, dans l'agate ou le lapis, précieuses par la matière, plus précieuses par le travail.*

*C'est cette partie brillante de nos collections, exposée sous votre administration & par vos soins dans la galerie d'Apollon, que vous m'avez, Monsieur le Surintendant, autorisé à publier.*

*Vous avez approuvé que, réunissant en un corps d'ouvrage une suite de pièces, uniques en leur espèce, sur lesquelles on peut étudier les formes caractéristiques & les inventions nouvelles pour chacune des époques où l'art moderne s'est développé ou modifié, j'en voulusse populariser par la* reproduction les modèles, & en faire mieux apprécier par des explications l'enchaînement & le mérite relatif.

Vous avez approuvé que, faisant un choix difficile à faire parmi les hommes habiles qui sont l'honneur ou l'espérance de notre école de gravure, j'aie confié à M. Jules Jacquemart la tâche de dessiner & de graver à l'eau-forte les objets curieux qui, classés chronologiquement, sont le commencement de ma publication. Vos encouragements & vos conseils ont puissamment servi nos efforts réunis; vous avez vu avec satisfaction que des modèles dont l'excellence est reconnue fussent présentés dans un ordre méthodique pour être mis à la disposition des artistes; vous avez regardé comme un avantage & un progrès que tous fussent reproduits dans leurs dimensions réelles & fussent interprétés par un mode de gravure qui en fait comprendre l'aspect pittoresque, sans atténuer l'exactitude des lignes ni la fidélité des détails.

Permettez donc, Monsieur le Surintendant, que je vous dédie cet ouvrage, & que, reconnaissant ce qu'il vous doit, en vous l'offrant je vous rende hommage pour tout ce que je vous dois moi-même.

*Votre respectueusement dévoué,*

HENRY BARBET DE JOUY.

Paris, 15 août 1865

# MUSÉE IMPÉRIAL DU LOUVRE

## COLLECTION DES GEMMES ET JOYAUX DE LA COURONNE

PLANCHE I

# ÉPÉE DE CHILDÉRIC Ier

ROI DES FRANCS, MORT EN 481

ET

## GLOBE DE CRISTAL DE ROCHE

TROUVÉS DANS SA SÉPULTURE, A TOURNAY

La forme de l'arme est celle de l'épée romaine. Elle était portée du côté gauche. Un or très-pur, battu au marteau & réduit en lames, compose le revêtissement de la poignée; c'est également l'or, mais travaillé au ciseau, qui constitue le pommeau de l'épée, dont près d'une moitié manque. Sur le milieu du pommeau l'on peut remarquer le commencement de l'ornementation qui est reproduite avec un développement complet sur la double garde & sur les trois pièces dont le fourreau de l'épée était garni.

Cette ornementation, qui a l'apparence d'une mosaïque translucide dont les interstices seraient cloisonnés d'or, est d'une exécution tellement précise qu'en aucun temps on n'eût su mieux faire. L'or en est la base; c'est dans l'or que sont emboîtées les sections de verres ayant uniformément la couleur & la transparence du grenat, dont est formé le pavage qui épouse tous les contours & revêt toutes les surfaces; ce sont des lames d'or qui, interposées entre les sections de verres, dessinent les différents réseaux qu'a imaginés le caprice de l'orfévre.

Des trois pièces d'orfévrerie décorant le fourreau, deux ont été dessinées en la place qu'elles y occupent; la troisième, en raison de la coupure qu'a motivée le format de notre publication, a été reportée au haut de la planche, à gauche. C'est celle qui garnit l'extrémité du fourreau qu'elle termine, & elle se distingue des deux autres par la cornaline blanche évidée en anneau, que l'on remarque en sa partie inférieure. Cette pièce est fragmentée & a perdu l'appendice qui, remontant sur le bord du fourreau, répétait au bas, mais dans le sens contraire, le motif qui se voit descendant dans l'agrafe rapprochée de la garde.

L'épée de Childéric a été donnée au roi Louis XIV, en 1665, par Léopold Ier, empereur d'Allemagne.

Elle est conservée dans le Musée des Souverains, & est le plus ancien monument de la monarchie française.

(N° 3 de notre notice, Antiquités mérovingiennes.)

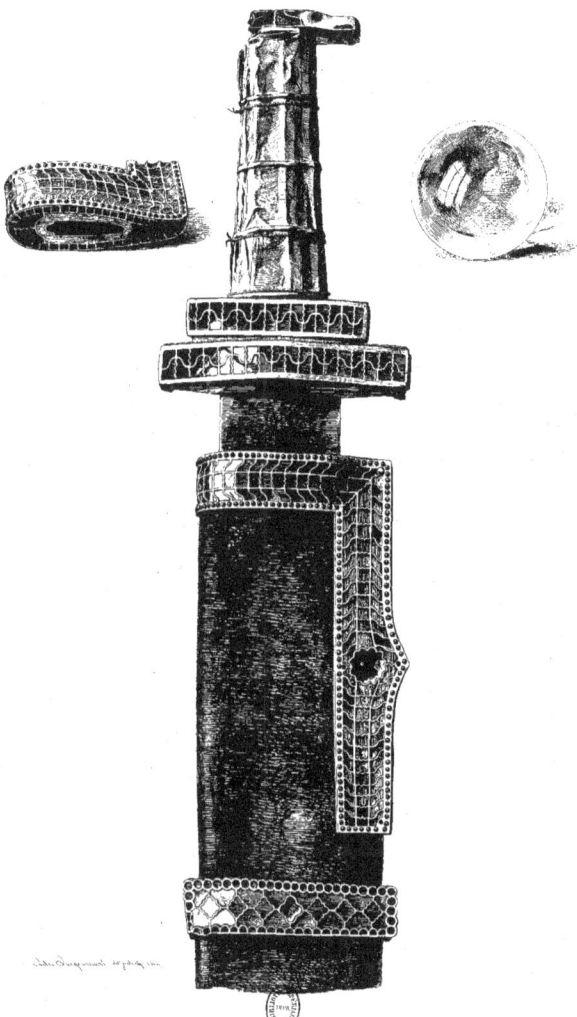

# VASE ANTIQUE DE SARDOINE

Hauteur, 0<sup>m</sup>,175. — Diamètre, 0<sup>m</sup>,090.

Il est taillé dans un bloc de sardoine orientale, de couleur très-sombre & très-intense.

Les peuples de l'antiquité ont aimé passionnément les matières précieuses, & leurs artistes les ont travaillées avec une habileté que les modernes n'ont jamais surpassée. Pline raconte comment le triomphe de Pompée introduisit à Rome les vases & les coupes de matières précieuses ou ornés de pierreries; il les nomme *Gemmata potoria*. Le cristal de roche dont il parle d'abord semble avoir été beaucoup plus rare dans l'antiquité qu'il ne l'est devenu dans les temps modernes; quoique les Romains n'aient pas ignoré qu'on en trouvait de très-beau dans les Alpes, ils estimaient surtout celui qui venait d'Orient, & le cristal de l'Inde était préféré à tout autre. Ce qu'ils recherchaient, & avec raison, c'était sa belle eau; lorsqu'il était sans défauts, ils se gardaient bien de le cacher sous des gravures. « *Pura esse malunt... nec spumæ colore, sed limpidæ aquæ,* » telles sont les expressions fort justes que l'on trouve dans Pline; & elle n'est pas moins vraie cette gracieuse image d'un poëte : « Cristal, eau enfermée dans la pierre, dis-moi qui t'a « congelé? — Borée? — Ou qui t'a fondu? — Le vent du Sud? »

Un globe de cristal de roche tel qu'est celui gravé ici-contre (sur la première planche de ce recueil), ne représente-t-il pas bien la boule d'eau congelée dont parle le poëte grec? Nous ne saurions douter combien, au cinquième siècle, un objet semblable était estimé d'un roi franc, combien il avait dû lui paraître curieux & rare, puisqu'il fut enfermé près de lui dans sa sépulture avec ses armes, & les armes ont toujours été ce qu'un guerrier eut de plus cher. Les chefs barbares qui attaquèrent l'empire romain s'éprirent des objets brillants & des fabrications délicates dont les maîtres du monde avaient emprunté le goût & l'usage aux nations plus rapprochées qu'eux de l'Orient; le sort des combats fit passer en d'autres mains cette portion fragile des dépouilles conquises, & l'historien de Charlemagne, Eginhard, sait fort bien observer que les Francs enlevèrent avec justice, aux Huns, ce que les Huns avaient injustement enlevé aux autres nations.

C'est par cette transmission que, dès les premiers siècles de la monarchie française, les vases de matières précieuses, taillés en Orient, en Grèce, à Rome, furent connus, recherchés & gardés dans les trésors des rois. Nous verrons, plus loin, Aliénor d'Aquitaine offrir à son fiancé le roi de France un vase antique de cristal de roche, & Suger, abbé de Saint-Denis, faire enrichir par l'art de ses orfévres ce vase & d'autres de semblable nature, ayant une même origine.

Le vase de sardoine de la Collection de la Couronne a été jugé assez rare pour que le nom de Vase de Mithridate lui ait été attribué & se soit conservé par tradition.

(*N° 413 de l'Inventaire des bijoux de la Couronne, 1791.*)

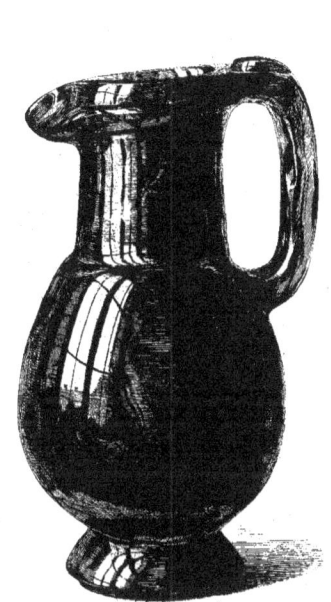

# ÉPÉE DE CHARLEMAGNE

Longueur de l'arme dans le fourreau. . . . . . 1<sup>m</sup>,000.

---

La poignée de l'épée, l'étui du fourreau & la boucle du ceinturon sont d'or.

Les deux grosses pierres, de forme ovale & taillées en cabochons, sont des saphirs pâles : l'un décore la plaque de la boucle, l'autre est au milieu de l'étui du fourreau ; au-dessus de ce gros saphir est une topaze taillée, & au-dessous une autre topaze polie irrégulièrement. Ce sont quatre améthystes qui cantonnent le saphir, & les deux pierres posées en bas sont un grenat & un cristal de roche.

L'enlacement dont les courbes capricieuses s'enroulent & se déploient sur le pommeau de la poignée est composé de l'accouplement de deux oiseaux fabuleux du genre que les anciens ont nommé phénix, auquel ils ont prêté des vertus surnaturelles.

L'animal ciselé sur les extrémités des deux branches de la garde est un lion, mais un lion ailé tel que sont ceux qu'on voit sur les monuments asiatiques qui si souvent ont inspiré les artistes du moyen âge. Les yeux sont formés par des perles de lapis.

La fusée de la poignée (c'est la partie que saisit la main) est moderne ; la plaque d'or losangée dont elle est revêtue a remplacé, au commencement de ce siècle, une ornementation de travail presque semblable, à cela près, que chaque losange contenait une fleur de lis ciselée. Ce manche, fleurdelisé, avait déjà été substitué à la fusée primitive, qui ne nous est connue par aucun dessin.

L'épée de Charlemagne était au nombre des ornements royaux qui, gardés dans le trésor de l'abbaye de Saint-Denis, n'en sortaient que pour servir au sacre & au couronnement des rois. Les relations des sacres la désignent toujours comme étant l'épée de Charlemagne, & Guillaume de Nangis, dans la vie du roi Philippe III, qui fut sacré à Reims l'an 1271, nous a dit quel était son nom : on la nommait Joyeuse. Le roi la recevait des mains de l'archevêque & la remettait au connétable qui la portait dans l'église pendant toute la durée du sacre &, après la cérémonie, de l'église au palais. Au sacre de Charles VI, ce fut Louis, frère du roi, âgé de dix ans, qui porta Joyeuse. Pendant toute la durée du sacre & couronnement de Napoléon I<sup>er</sup>, l'épée du fondateur de la dynastie carlovingienne, la couronne impériale & le sceptre à son effigie ont été portés, y assistant sous le nom d'honneurs de Charlemagne, par trois maréchaux de l'empire.

Elle est aujourd'hui conservée dans le Musée des Souverains.

*(N° 20 de notre notice, Antiquités carlovingiennes.)*

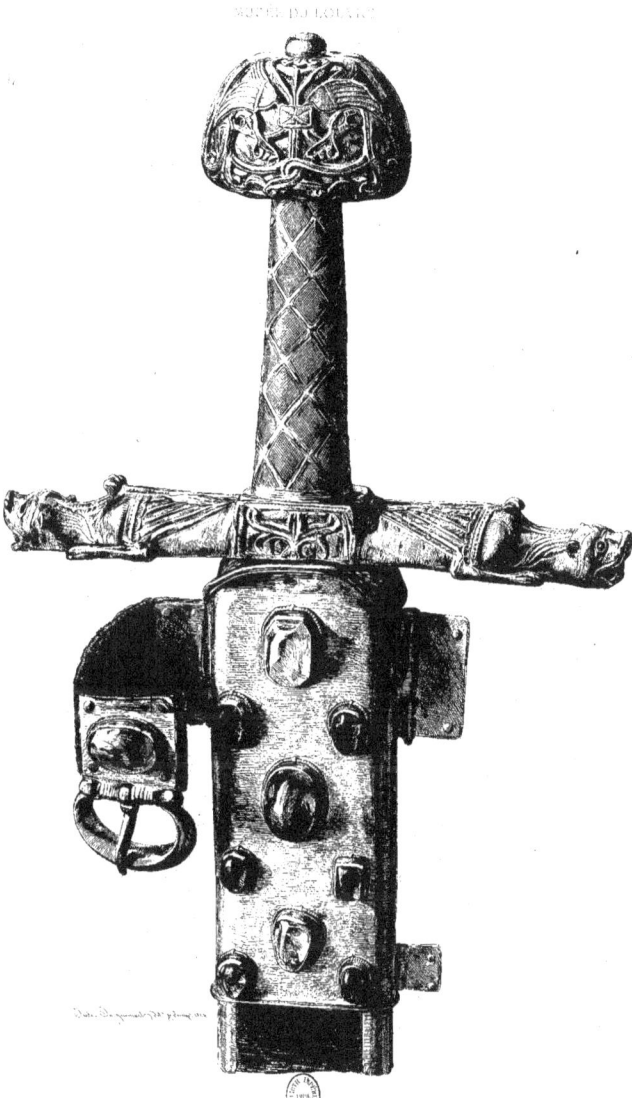

# CALICE DE CRISTAL DE ROCHE

Hauteur, 0,220. — Diamètre, 0,100.

Œuvre du douzième siècle, il est un des premiers modèles du petit calice, en forme de coupe, que l'Église latine a substitué au grand calice à deux anses qui, antérieurement, servait pour la communion, lorsqu'elle était donnée sous les deux espèces du pain & du vin.
Il est l'un des très-rares exemples des calices de verre, car le temps était proche où l'or & l'argent allaient presque exclusivement remplacer toutes les autres matières pour la fabrication du vase sacré. Le cristal de roche, qui n'est pas fragile comme le verre, plus éclatant & plus limpide, était parfaitement approprié à l'usage pour lequel cette coupe a été taillée; sa forme, imitant le calice d'une fleur, est très-pure; l'évasement du pied est habilement ménagé.
Nous avons dit avec quelle supériorité les artistes de l'antiquité ont travaillé le cristal de roche; Pline, que nous avons déjà cité, parle des gravures dont ils savaient le décorer : « Néron, dit-il, en apprenant sa déchéance, brisa, dans un accès de colère, deux vases de cristal, « pour punir son siècle & ne laisser à personne après lui l'honneur d'y boire. » Suétone nous apprend que l'empereur nommait ces vases *Homerii*, parce que les gravures dont ils étaient ornés représentaient des sujets empruntés aux poëmes d'Homère.
L'art de tailler & de graver le cristal avait survécu à la civilisation romaine; il n'est pas douteux qu'il ait été pratiqué à Byzance, sous la protection des empereurs d'Orient; mais il est plus intéressant pour nous de constater qu'il n'avait pas disparu dans nos contrées occidentales. Le Musée britannique possède, depuis peu d'années, un disque de cristal de roche dont la Meuse avait longtemps gardé le mystère enseveli dans ses sables & caché sous ses eaux. L'histoire de Suzanne est gravée sur ce disque; des inscriptions latines expliquent les différentes scènes, & autour du sujet central on lit : LOTHARIUS.REX.FRANC.FIERI.JUSSIT. [Lothaire, roi des Francs, a fait faire.] Nous pouvons envier la possession d'un monument national, exécuté pour l'un des derniers princes de la famille carlovingienne, & précieux spécimen de l'art de la gravure sur pierre dure, dans nos contrées, à la fin du dixième siècle.
La coupe du calice, que reproduit la planche IV, nous fait connaître quel était le degré de cet art au douzième. Les enroulements qui la décorent sont intaillés en creux; le dessin n'en est en aucune façon emprunté à l'Orient, & il est en parfait accord avec le style des montures qui sont d'argent doré, ciselé, & gravé. Nous croyons, au contraire, d'origine orientale & d'un temps antérieur le pied de cristal; les animaux ressemblant à des gazelles, qui sont sculptés en relief sur la base, sont une reproduction des monuments asiatiques. L'orfévre qui a fait ou monté le calice au douzième siècle, s'est servi pour le pied d'un fragment provenant d'un hanap plus ancien.

(*N° 138 de l'Inventaire des bijoux de la Couronne, 1791.*)

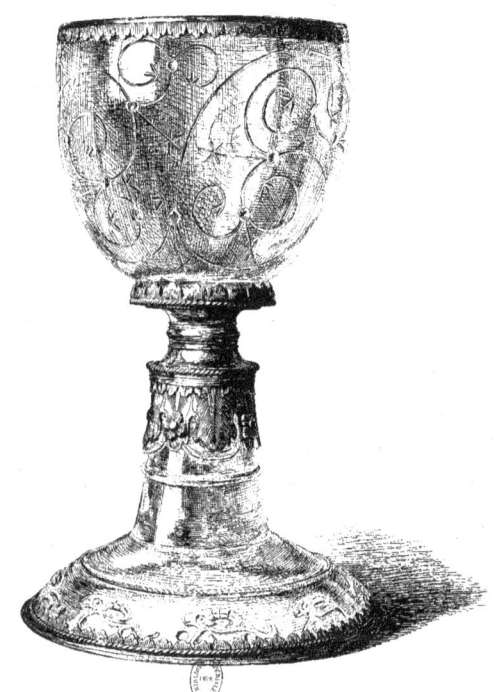

# VASE ANTIQUE DE SARDONYX

MONTÉ PAR LES ORFÈVRES DE SUGER

Diamètre du vase, 0<sup>m</sup>,120. — Hauteur totale, 0<sup>m</sup>,355.

Le vase est de même nature & de même origine que celui qui est gravé sur la planche II.

La monture d'orfévrerie ajoutée pour l'agrandir & l'approprier à l'usage auquel il était destiné, est d'argent doré, travaillé au repoussé, & ciselé ; elle est ornée de filigranes & enrichie de pierres fines & de perles.

Complétons l'inscription tracée sur le pied, dont notre gravure n'a pu donner qu'une partie : DUM LIBARE DEO GEMMIS DEBEMUS ET AURO, HOC EGO SUGERIUS OFFERO VAS DOMINO. [Puisque nous devons faire les libations à Dieu avec les gemmes & l'or, moi Suger j'offre ce vase au Seigneur.]

Les deux vers que Suger a eu la bonne pensée de faire inscrire sur la monture de son vase de sardonyx, nous les retrouvons dans le livre qu'il a dicté sur les actes de son administration ; qu'il nous soit permis de placer ici l'extrait du très-curieux passage où il désigne les vases sacrés acquis & ornés par ses soins : « Comparavimus etiam præfati altaris officiis calicem pretiosum quod est de sardio et onice... » [Nous avons aussi acheté pour le service du même autel un calice précieux d'un seul morceau de sardonyx, c'est-à-dire sardoine & onyx...] Puis il continue : « Vas quoque aliud huic ipsi materia, non forma persimile, ad instar amphoræ adjunximus, cujus versiculi sunt isti : *Dum libare Deo gemmis debemus & auro,* — *Hoc ego Sugerius offero vas Domino.* » [Nous y avons joint, en guise d'amphore, un autre vase de la même matière, mais de forme différente, sur lequel sont ces vers : Puisque nous devons faire les libations à Dieu avec les gemmes & l'or, moi Suger j'offre ce vase au Seigneur.] Ce vase était donc l'amphore pour les libations, & puisque Suger nous dit qu'il l'a réuni au calice, la libation dont il parle est celle que le prêtre chrétien fait dans le calice, en commémoration du sang de Jésus-Christ ; le vase qu'il nomme amphore est donc de l'espèce de ceux qui, dans la langue française, ont pris le nom de burettes.

Nous emprunterons au glossaire de M. le comte de La Borde quelques lignes qui expliqueront toute notre pensée : « Les deux burettes, l'une contenant le vin, l'autre l'eau, dont on se sert aujourd'hui à la messe, ont un double emploi : on s'en sert pour verser le vin dans le calice, puis pour verser l'eau sur les mains du prêtre ; au moyen âge, les burettes avaient la première de ces fonctions, & deux plats ou bassins les remplaçaient pour la seconde. » La conclusion que nous voulons tirer de cette explication, c'est qu'aussi longtemps que les deux bassins ont été en usage pour laver les mains de l'officiant, l'amphore contenant le vin a été le seul vase qui fût nécessaire pour la libation dans le calice. Nous possédons donc le vase à libations de Suger, & nous connaissons par ce vase la forme, qui a été peu changée, & les dimensions d'une burette du douzième siècle.

(N° 127 *des anciens Inventaires du Louvre.*)

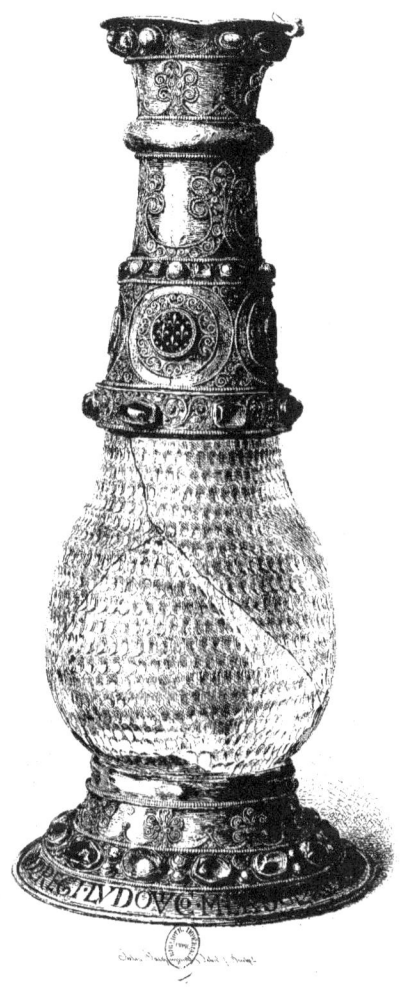

# VASE ANTIQUE DE PORPHYRE

MONTÉ PAR LES ORFÈVRES DE SUGER

Hauteur, 0m,430. — Envergure, 0m,270.

---

Citer la mention qu'en fait l'abbé de Saint-Denis dans le livre de son administration, c'est en dire toute l'histoire :

« Nec minus porphyriticum vas sculptoris & politoris manu admirabile factum, cum per multos annos in scrinio vacasset, de amphora in aquilæ formam transferendo, auri argentique materia, altaris servicio adaptavimus & versus hujusmodi eidem vasi inscribi fecimus : *Includi gemmis lapis ista meretur & auro; — Marmor erat, sed in his marmore carior est.* » [Et aussi un vase de porphyre, chef-d'œuvre d'un sculpteur & lapidaire. Depuis longues années il était sans emploi dans l'écrin; d'amphore qu'il était, nous l'avons transformé en un aigle, au moyen de l'or et de l'argent; nous l'avons adapté au service de l'autel & sur ce vase nous avons fait inscrire les vers qui suivent : Cette pierre méritait d'être enchassée dans les gemmes & dans l'or; marbre elle était, mais dans cette monture elle est plus précieuse que le marbre.] »

Ce que Suger ne dit pas, c'est que la forme du vase antique conservé longtemps sans emploi dans le trésor de Saint-Denis, appartient à l'art & à l'industrie égyptienne; lorsqu'il parle avec admiration du double travail du sculpteur & du lapidaire, il distingue avec discernement la pureté du dessin & la perfection de la taille. Les Égyptiens ont excellé à polir les matières dures; c'est d'Égypte que furent introduites à Rome les premières statues de porphyre; cette belle matière y fut souvent employée pour des urnes funéraires : elle fut prodiguée dans le tombeau de Néron, & le Vatican conserve les sarcophages de porphyre d'Hélène & de Constance, mère & fille de l'empereur Constantin.

Pour transformer en un aigle l'amphore antique qui leur était confiée, les orfèvres de Suger ont fait preuve de beaucoup d'habileté. Le dessin de la tête & des serres est ferme & expressif; l'exécution au repoussé & la ciselure sont d'une main hardie & exercée. Nous pensons que l'abbé de Saint-Denis, en ordonnant que son vase fût un aigle, a voulu posséder la représentation de l'un des animaux évangéliques, & que s'il l'a adapté au service de l'autel, c'est en l'y faisant placer pendant la lecture de l'évangile de saint Jean.

(N° 422 *des anciens Inventaires du Louvre*.)

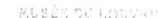

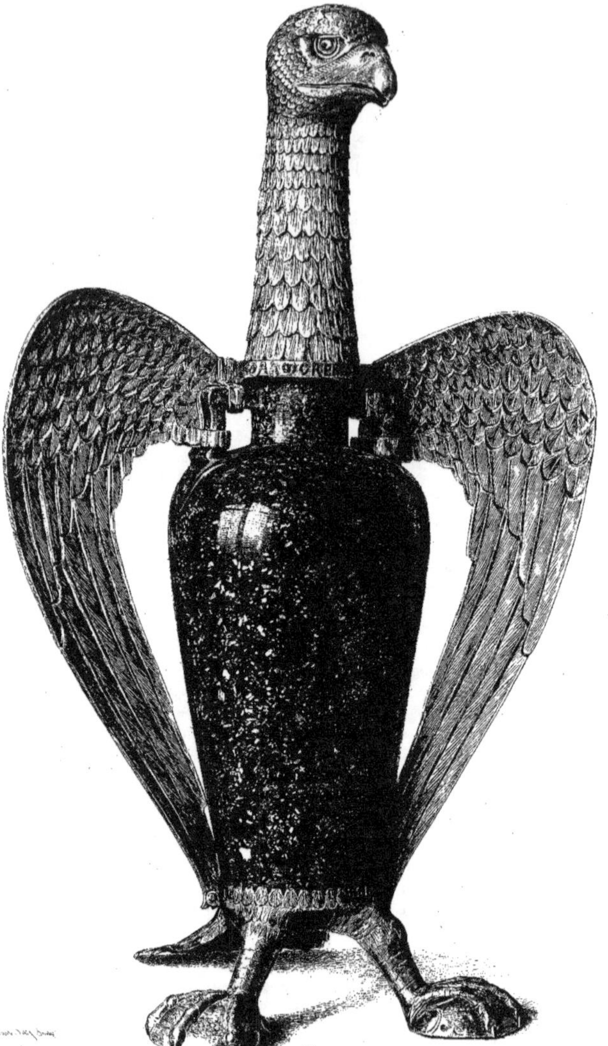

# VASE D'ALIÉNOR D'AQUITAINE

Hauteur, 0ᵐ,340. — Diamètre, 0ᵐ,113.

Il est de cristal de roche, & le travail de la taille, imitant les alvéoles que les abeilles font pour leur miel, a été exécuté avant les siècles de décadence ; il est antique.

La monture d'orfévrerie a été faite au douzième siècle, aux approches de l'année 1140, par les ouvriers que Suger, abbé de Saint-Denis, désigne comme auteurs des ouvrages qu'il a fait exécuter. Suger, dans le livre, déjà cité, des actes de son administration, lui consacre quelques lignes que nous transcrivons en les traduisant : « Cet autre vase que l'on voit, semblable à une juste de béryl ou de cristal, c'est la reine qui, au premier voyage d'Aquitaine, nouvellement fiancée, l'a donné à notre seigneur le roi Louis. Le roi, voulant récompenser notre amour, nous a donné cette juste, mais nous, nous l'avons par grande affection rapportée aux saints martyrs nos seigneurs, pour le service de la table divine. Cette succession de donations, c'est sur le vase même, après l'avoir fait orner de pierreries & d'or, que nous l'avons consignée en ces quelques vers : *Hoc vas sponsa dedit Anor regi Ludovico. — Mitadolus avo mihi rex sanctisque Sugerus.* [Ce vase, c'est Aliénor qui l'a donné au roi Louis, son fiancé ; Mitadol l'avait donné à son aïeul ; le roi (l'a donné), à moi, & moi Suger, aux saints.] »

Mitadol est un personnage inconnu jusqu'à ce jour ; les saints sont Denis & ses compagnons Éleuthère & Rustique.

L'orfévrerie du vase est d'argent doré ; elle comprend le grand col qui le surélève & la base qui le supporte. Les ornements si bien composés, si finement exécutés, qu'on voit sur le col, sont filigranés. Trois cercles de pierreries séparent en les reliant les zones que dessinent les filigranes ; dans les deux cercles supérieurs, des perles alternent avec des améthystes, des grenats, des saphirs, des topazes, des émeraudes ; le cercle le plus rapproché du corps du vase n'est composé que d'améthystes ; toutes les pierres sont réunies avec des perles sur la cymaise de la base, & l'on y trouve une cornaline de gravure antique.

Les petits écussons fleurdelisés que l'on voit sur le col sont émaillés, bleu & or. Ce sont les armes anciennes de la France, des fleurs de lis sans nombre sur champ d'azur. Il n'y faut pas chercher un modèle de la fleur de lis sous le règne de Louis le Jeune, car ces émaux d'applique ont été enchâssés en remplacement de pierres gravées ou de chatons qu'avaient originairement disposés les ouvriers de Suger. Ce remplacement a été opéré après l'an 1300.

Le vase d'Aliénor est conservé dans le Musée des souverains.

(N° 27 de notre *Notice, Antiquités capétiennes.*)

MUSÉE DU LOUVRE.

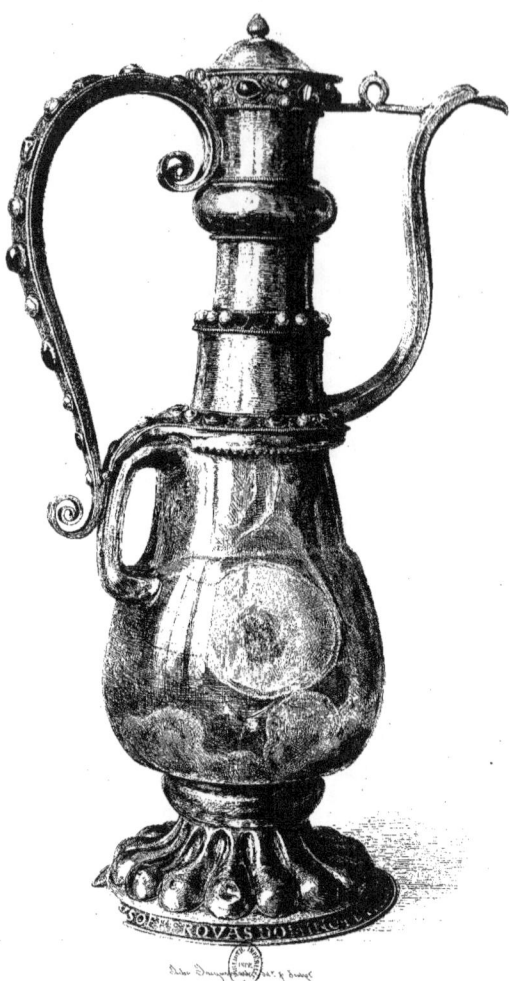

# PATÈNE DU CALICE DE SUGER

Diamètre. . . . . . . . . . . . . . . 0ᵐ,170.

Elle se compose d'un petit plateau dont la matière est une pierre dure orientale que l'on a nommée serpentine; la coloration de cette pierre est un mélange de plusieurs nuances d'un vert olivâtre. Les poissons que l'on y voit semés de places en places sont d'or & gravés à la pointe; ils sont incrustés dans la serpentine, qui a d'abord été entaillée pour les recevoir. C'est un usage de l'Orient, que l'on remarque sur les vases des plus anciens peuples, de dessiner des poissons sur les ustensiles destinés à contenir ou à recevoir des liquides. L'Égypte, l'Inde en présentent, dans les monuments antiques, de nombreux exemples, & le Japon, depuis les temps les plus reculés jusqu'à nos jours.

L'abbé Suger ayant institué, comme nous l'avons indiqué précédemment, des ateliers d'orfévrerie pour le service des autels de l'abbaye de Saint-Denis, nous pouvons considérer la monture de cette patène comme étant l'œuvre des ouvriers lorrains qu'il y employait, & l'étudier comme un type de l'art des orfévres français au douzième siècle. L'or en forme le fond & n'y est pas épargné. L'intention de l'artiste a été de simuler une guirlande de feuillages, de fleurs & de fruits, &, pour en imiter la diaprure & l'éclat, les pierreries ont été prodiguées : on y trouve l'émeraude, des pierres dures s'en rapprochant par la nuance, des verres colorés qui l'imitent; des saphirs, des cristaux de roche & des verres bleus; des perles orientales; des verres translucides imitant le grenat, tels que sont ceux qu'on voit sur les ornements de l'épée de Childéric; les uns sertis dans un cloisonnage d'or, comme ils le sont sur cette épée, les autres ayant la forme de tubes & disposés sur le bord de la patène entre les anneaux d'or qui les séparent & les retiennent. Il ne reste plus que six de ces tubes.

Le calice dont Suger faisait usage avec cette patène n'existe plus, il nous est connu par une planche gravée dans le livre de Félibien (Trésor de Saint-Denis, planche III). La coupe du calice était une agate orientale très-bien travaillée; les montures étaient en rapport avec celle de la patène, & sur la garniture on lisait le nom de *Suger Abbas*.

( Nº 415 des anciens Inventaires du Louvre. )

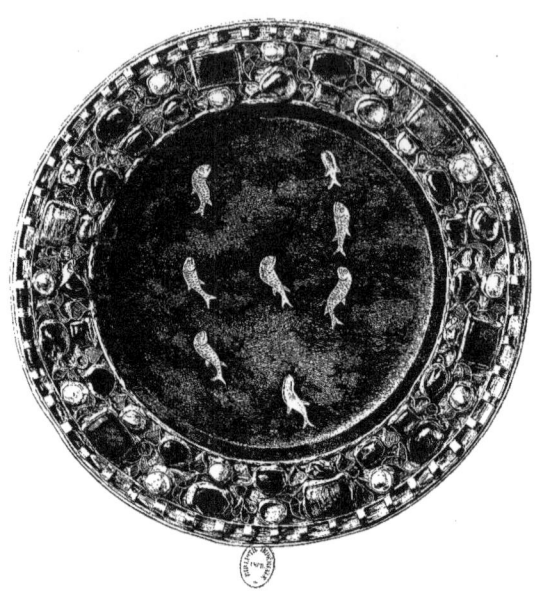

# BUIRE ORIENTALE

## DE CRISTAL DE ROCHE

Hauteur, 0<sup>m</sup>,245. — Diamètre, 0<sup>m</sup>,135.

---

La buire gravée sur la planche IX est un modèle de ce qu'au dixième siècle ont su faire les Orientaux; nous ne parlons pas des artisans de Byzance, mais de ceux qui ont travaillé les matières précieuses dans les contrées de l'Orient où l'on parlait la langue arabe. L'inscription gravée en relief autour du col de la buire est tracée en caractères coufiques, semblables à ceux qui se lisent sur les monnaies des califes; elle se compose de cette phrase : بركة و عافية لصاحبه dont la signification, qui nous a été donnée par M. A. de Longpérier, est : « Bénédiction & [bonheur?] à son possesseur. »

L'on sait qu'Haroun-al-Raschid, calife de Bagdad, de la race des Abassides, prince qui régna de 786 à 808, envoya des présents à l'empereur Charlemagne; Eginhard dit qu'ils étaient d'un grand prix, mais il n'ajoute rien de plus, & aucun document écrit ne nous permet d'établir que cette buire de cristal ait fait partie de l'envoi du calife. Nous croyons, au contraire, que moins ancienne, elle est celle qui, au douzième siècle, fut donnée par Roger, roi de Sicile, au comte de Blois, Thibaud, & que celui-ci offrit à l'abbé de Saint-Denis. Lorsque nous avons écrit le texte des planches V, VI & VII, nous avons pu établir l'authenticité évidente des trois vases qui y sont représentés; il nous a suffi d'extraire du livre de l'administration de Suger les passages qui désignent la matière de ces vases & précisent les inscriptions gravées sur l'orfévrerie des montures; c'est dans le même livre qu'après avoir parlé de la burette, & avant d'inventorier les petites fioles de cristal dont il se servait tous les jours pour l'autel de sa chapelle, il dit :

« Lagenam quoque præclaram, quam nobis comes blesensis Theobaldus in eodem [usu?] destinavit, in quo ei rex Siciliæ illud transmiserat, & aliis, in eodem officio gratanter apposuimus. » [Nous avons avec reconnaissance appliqué au même service une belle lagène que le comte de Blois, Thibaud, a destinée au même usage pour lequel le lui avait transmis, & aussi à d'autres, le roi de Sicile.]

Que cette buire de cristal de roche soit désignée par Suger sous le nom de lagène, qui est celui d'une bouteille orientale; qu'en raison même de son origine elle ait été en la possession des rois de Sicile; que Roger, allié de Louis le Jeune & prince chrétien, l'ait offerte au comte de Blois & celui-ci à Suger pour le service de l'autel, des preuves incontestables nous manquent, mais celles que nous citons nous le font penser.

Le couvercle est d'or, d'ancien travail oriental & d'une exécution précieuse.

*(N° 333 des anciens Inventaires du Louvre.)*

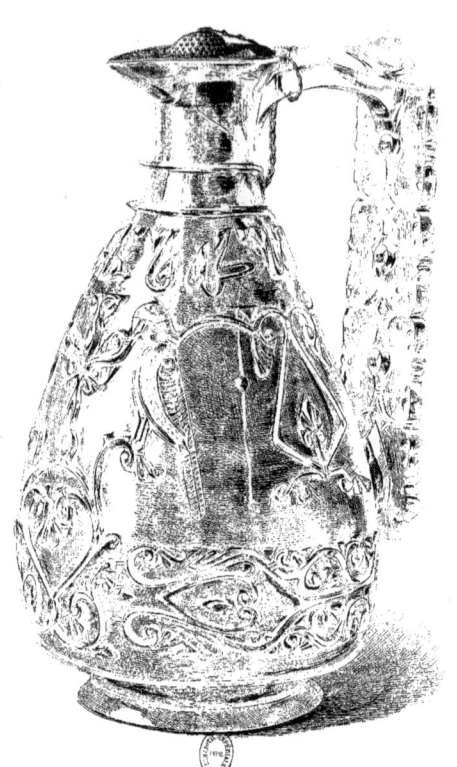

# AGRAFE

## DU MANTEAU ROYAL DE SAINT LOUIS

Longueur, 0m,190. — Largeur, 0m,170.

Elle est d'argent doré. La grande fleur de lis découpée, motif principal de son ornementation, se détache en or sur la couleur noire du fond, qui est émaillé en façon de nielle & parsemé de petites fleurs de lis sans nombre; ces fleurs, elles aussi, sont dorées. L'effet produit par les pierres est habilement combiné : les six qui sont les plus grandes, & dont le contour est un hexagone, sont des améthystes; les pierres carrées qui en sont proche sont des émeraudes dont la nuance verte s'harmonise parfaitement avec la couleur violette des améthystes. Les pierres plus petites & de formes irrégulières sont des grenats taillés en cabochons; quelques-uns manquent, & deux saphirs ont été rapportés.

L'agrafe du manteau royal de saint Louis était conservée, avec d'autres objets ayant appartenu à ce prince, dans le trésor de l'abbaye de Saint-Denis.

La forme du manteau royal était traditionnelle; les formulaires des sacres & couronnements des rois la déterminent très-positivement : le soccus, car c'était le nom de ce manteau, ne devait être ouvert que sur le côté droit, & la main gauche relevait l'autre côté comme le prêtre relève sa chasuble; l'agrafe réunissait sur l'épaule droite le soccus, dont les deux pans retombants déterminaient l'ouverture. On en peut voir le modèle très-exact sur une statue de Philippe-Auguste dont le dessin se trouve dans le second volume de la Monarchie française par Montfaucon.

Le nom de l'agrafe, dans l'ancienne langue française, était fermail; l'inventaire de Charles V contient la désignation de vingt-cinq fermaux à fleurs de lis d'or; l'usage pour le manteau royal s'en était toujours conservé, car au seizième siècle, lorsque l'on fit de très-riches vêtements royaux pour le sacre de Henri II, l'on ajouta & appropria au manteau « la fleur de lis d'or, assise en une losange de perles & enrichie de plusieurs rubis balais, laquelle fleur de lis servait d'agrafe ou attache sur l'épaule droite audit vieux manteau royal. » Tels sont les termes qui se lisent dans l'ordre observé au sacre & couronnement du roi Henri II, mis par écrit du commandement de ce prince.

L'agrafe du manteau royal de saint Louis est conservée dans le Musée des Souverains.

(N° 33 de notre notice, Antiquités capétiennes.)

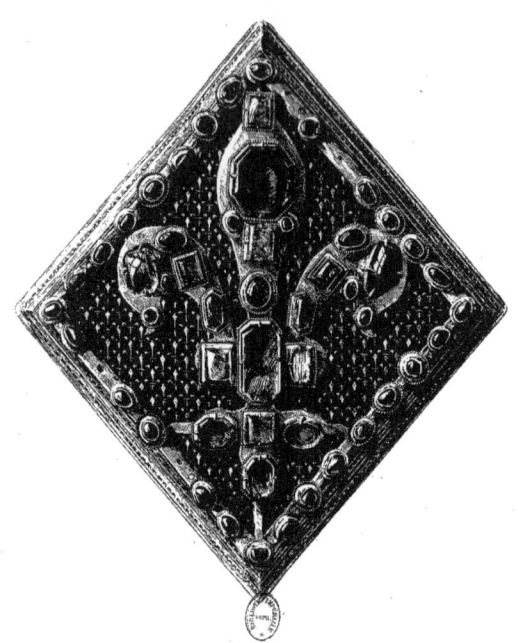

# JOYAUX

## DES XIᵉ, XIIᵉ, XIIIᵉ ET XIVᵉ SIÈCLES

1° Fermail de manteau. De forme circulaire. Diamètre 0,045. Il est d'or, ciselé, orné de filigranes; enrichi de perles & de pierres fines, un saphir occupe le centre; des arcatures très-délicates dessinent sur l'épaisseur les courbes du contour; un réseau de filigrane recouvre la plaque d'or qui constitue le revers. L'on voit des agrafes semblables attachant le manteau sur des figures sculptées au onzième siècle; l'on connaît quelques bijoux analogues placés comme *ex voto* sur des statues d'orfévrerie représentant la Vierge. Telle a dû être la destination du fermail gravé sur la planche XIᵉ.

IIº Lapis (Médaillon de), sculpté sur les deux faces : d'un côté Jésus-Christ portant le livre des Évangiles & bénissant; les lettres grecques ιc. xc, placées près de la tête, sont l'abréviation des mots Ἰησοῦς Χριστός [Jésus-Christ]; les deux arbustes qui, partant de terre, s'élèvent à droite & à gauche de la figure du Christ, sont une allusion à la vigne du Seigneur. Du côté opposé, Marie, mère de Dieu, debout, dans l'attitude de l'adoration; les lettres grecques MP. ΘY, placées près de la tête, sont l'abréviation des mots Μήτηρ Θεοῦ [la Mère de Dieu]. Le travail est byzantin.

IIIº Bague sigillaire de saint Louis. Diamètre 0,023. Le chaton est un saphir pâle, taillé en table & sur lequel est gravée en creux la figure du saint roi, nimbé & couronné, debout, portant un sceptre; près de la tête sont intaillées les lettres s. L, qui sont les initiales des mots *sanctus Ludovicus* [saint Louis]. L'inscription : CEST LE SINET DU ROI SAINT LOUIS, est incisée sur l'enveloppe intérieure de l'anneau d'or qui, à l'extérieur, est semé des fleurs de lis de France épargnées sur un fond noir niellé. Le nimbe, les initiales, l'inscription ont été ajoutés au sinet de Louis IX, après sa canonisation, en 1297, Philippe le Bel régnant. La bague de saint Louis est conservée dans le Musée des Souverains.

IVº Couronne d'orfévrerie, ornée de filigranes, enrichie de perles, de rubis & de turquoises. Elle est, comme toutes les pièces de cette publication, dessinée dans sa grandeur réelle; l'original est posé sur la tête d'une statuette d'ivoire de la Vierge, des premières années du quatorzième siècle, que l'administration des Musées Impériaux a acquise, en 1861, de M. le prince Soltikoff.

Vº Fleur de lis. Or, cristal de roche, émail vert, perles & saphirs. Ce joli bijou est un reliquaire & a été fait pour renfermer des cheveux de la Vierge. Il était & est encore placé dans la main droite d'une statuette d'argent doré qui représente Marie portant l'enfant Jésus; statuette dont la date est certaine par la donation qu'en a faite la reine Jeanne d'Évreux, veuve du roi Charles IV, le 28 avril 1339. Elle est conservée dans le Musée des Souverains.

(*Nº 38 de notre notice, Antiquités capétiennes.*)

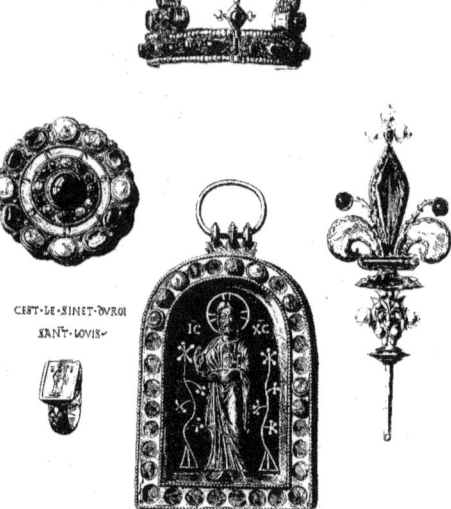

# RELIQUAIRE

Hauteur, 0,450. — Largeur, 0,150.

Il est d'argent doré, & très-délicatement ciselé; les figures en ronde bosse qui le décorent sont émaillées sur argent; les carnations des têtes & des mains sont rosées, le rouge domine dans les vêtements, & tous les manteaux sont blancs; les petites niches dans lesquelles sont assises presque toutes les statuettes sont revêtues d'un épais émail bleu, & des touches blanches superposées par l'émailleur ressemblent assez à des nuages pour qu'on devine qu'il a voulu donner pour fond à ses figures le ciel, qui est leur demeure.

Lorsqu'on examine la statuette de la Vierge Marie, assise au-dessous de la figure de Jésus-Christ, lequel occupe le faîte du petit monument, portant d'une main un étendard crucifère & de l'autre une perle, ronde comme le monde qu'elle représente; lorsqu'on porte les yeux sur le Père éternel, assis au centre du reliquaire, on comprend que des tubes de cristal contenant les reliques devaient être placés horizontalement, l'un dans les mains de la Vierge & appuyé sur ses genoux, l'autre soutenu par les deux mains que Dieu le Père tient élevées à la hauteur de la poitrine.

Les saintes que l'on voit debout, aux côtés & un peu au-dessous de la Vierge Marie, sont Catherine d'Alexandrie & Marguerite, reine d'Écosse; l'on reconnaît la première à la roue & à l'épée qui sont dans ses mains, parce qu'ayant subi, sans mourir, les tortures de la roue, elle fut décapitée. Aux côtés du Père éternel sont assis saint Barthélemy, saint Mathias, saint Pierre, saint Paul, ayant pour attributs qui les distinguent un couteau, une lance, une clef, une épée. La petite figure qui, placée au-dessous de Dieu le Père, est assise dans la niche pratiquée dans le soubassement, est sainte Barbe; elle a dans la main un petit monument circulaire, en commémoration de la tour dans laquelle Dioscore, son père, la tenait enfermée. La position qu'occupe dans le reliquaire la statuette de sainte Barbe est celle qui habituellement est réservée aux patrons des donateurs; c'est le seul indice qui nous permette de supposer que la personne qui a fait exécuter & a consacré à la garde de saintes reliques ce petit monument était une femme & s'appelait Barbe. Elle l'a fort abondamment enrichi de perles, de rubis & de saphirs qui sont retenus par des griffes, sans aucune sertissure; parmi les saphirs il en est un, placé près de l'épée de saint Paul, qui est une intaille; il a été gravé au quatorzième siècle, & la petite tête couronnée que l'on y voit, profil regardant à droite, ressemble beaucoup à Jeanne de Bourbon, femme du roi Charles V; la coiffure tressée est celle qui était particulière à cette princesse.

Nous ne connaissons pas l'origine de ce reliquaire, qui a été exécuté au quinzième siècle. Il est conservé dans le Musée des Souverains, parce qu'il a fait partie des ornements de l'autel du Saint-Esprit, & que Henri III, fondateur & chef de l'ordre, l'a possédé & transmis à ses successeurs.

(N° 79 de notre notice, Antiquités nationales.)

PL. 12.  MUSÉE DU LOUVRE.

# DRAGEOIR DE CRISTAL DE ROCHE

### FIN DU XV<sup>e</sup> SIÈCLE, RÈGNE DE CHARLES VIII

Hauteur, 0m,270. — Longueur, 0m,290.

Le drageoir est la coupe ou bassin dans lequel on servait les sucreries sèches ou liquides, les bonbons tels que sont les dragées, les confitures. Il était placé sur les dressoirs, présenté sur les tables, & souvent était garni de cuillers. Les inventaires du moyen âge en contiennent de nombreuses descriptions; beaucoup sont d'or ou d'argent doré, & ceux-là ne sont pas parvenus jusqu'à nous, mais le cristal & la cassidoine sont maintes fois désignés comme étant les matières dont plusieurs étaient composés.

Les formes des drageoirs ont été très-variées; avant les temps modernes, les artistes, & surtout les orfévres, accordaient à leur imagination une liberté illimitée, cette seule condition semblant leur être imposée, que l'objet pût servir à l'usage auquel il était destiné. Lorsqu'on lit attentivement les descriptions qui nous sont restées, au milieu des détails surabondants faisant une large part à l'ornementation, au luxe & au caprice, ce que l'on entrevoit d'essentiel dans la composition du drageoir, c'est la coupe qui doit contenir les sucreries, le pilier qui surélève la coupe & permet à la main de la saisir, pour la porter & pour la présenter, le pied qui est la base, sans laquelle le drageoir ne pourrait se maintenir debout quand il est posé sur la table. Ouvrons l'inventaire des joyaux de Louis, duc d'Anjou, frère du roi Charles V : sous le n° 646 est désigné « un grand drageoir doré, le bassin, le pilier & le pied; » au pommeau du pilier sont indiqués six petits émaux azurés; au fond du bassin, un autre émail composé de six demi-cercles, &, au milieu, un cercle entier dans lequel est figuré le combat d'un ours & d'un cerf. Dans des descriptions beaucoup moins simplifiées, nous retrouvons toujours, en les dégageant des superfluités, le bassin, le pilier, le pied; nous les voyons très-nettement accusés dans le drageoir gravé sur la planche XIII. Le bassin est lobé, de telle façon que les cuillers y prenaient aisément leur place; ce bassin & aussi le pied simulent des coquilles, d'un dessin qui déjà se rapproche des formes du seizième siècle; le pilier, au contraire, a conservé la construction du moyen âge, & l'invention de l'aigle posé sur le bord du bassin, comme pour y mirer son image, en est encore un souvenir.

Les montures sont d'argent doré, & ont été exécutées à la fin du quinzième siècle.

(N° 227 de l'Inventaire des bijoux de la Couronne, 1791.)

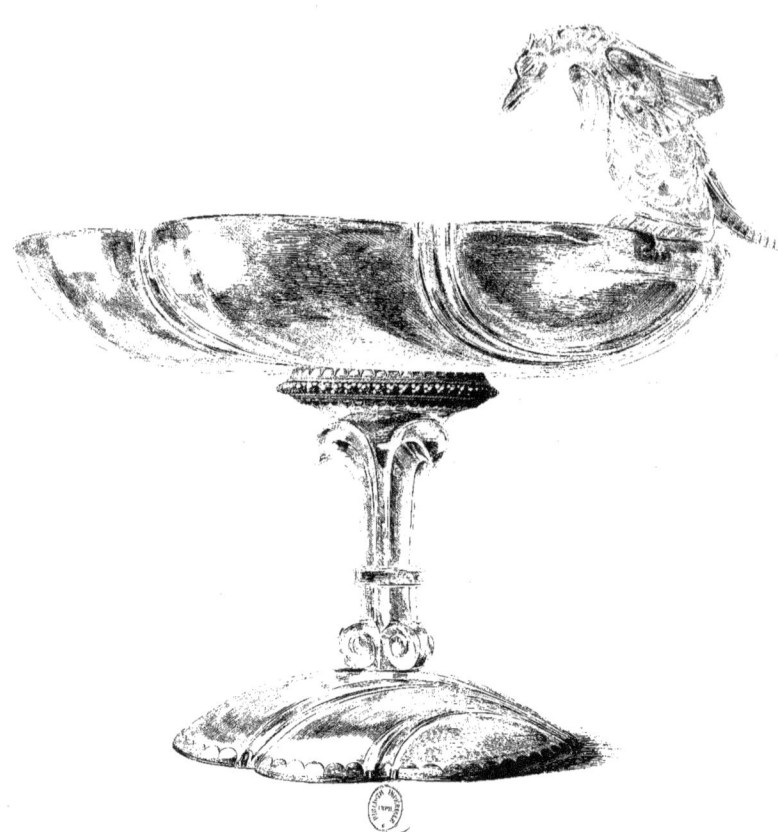

# VASE ANTIQUE DE SARDOINE

Hauteur, 0m,200. — Diamètre, 0m,080

 La matière est des plus belles qui se puissent voir, très-colorée, transparente & d'un grand éclat. L'élégance du galbe, le soin avec lequel les parois du vase ont été amincies, pour obtenir une légèreté qui ne se rencontre que rarement, la courbe & le dessin de l'anse, dénotent l'esprit & la main d'un artiste des meilleurs temps. Des qualités semblables ne se trouvent que dans les ouvrages des Grecs.

 En étudiant la planche II de cette publication, nous avons dit comment les vases de pierre dure que nous avait transmis l'antiquité, conquêtes & dépouilles des barbares, avaient été recueillis & conservés dans les trésors de nos rois. Nous avons vu, en décrivant les trois vases de Suger, comment, aux époques où l'orfévrerie avait fleuri en France, ceux de ces vases qui se trouvaient dans les églises avaient été enrichis ou transformés par des montures & adaptés au service des autels.

 A la fin du quinzième siècle, un goût très-vif s'était manifesté pour les ouvrages taillés dans les gemmes ; les artistes italiens s'y perfectionnaient, & avant que leurs travaux fussent importés en France, avant que des ciseleurs habiles vinssent, de Florence à Paris, répandre, en les y pratiquant, les inventions de l'art moderne, l'on comprend qu'un vase de sardoine, tel qu'est celui représenté sur la planche XIV, resté sans emploi dans le trésor royal, ait été recherché & mis en œuvre pour recevoir une monture.

 Cette monture n'est qu'un petit soubassement enveloppant le pied du vase ; elle est d'argent doré, & les ornements niellés qui la décorent, exécutés librement, appartiennent par leur style aux premières années du seizième siècle.

(N° 412 de l'*Inventaire des bijoux de la Couronne, 1791*.)

MUSÉE DU LOUVRE.

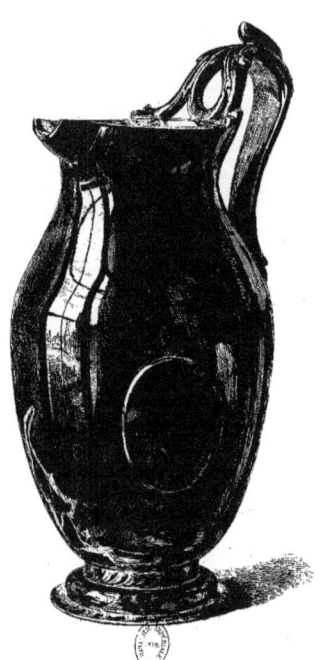

GEMMES ET JOYAUX.                                                                                         PLANCHE XV.

# BASSIN DE CRISTAL DE ROCHE

COMMENCEMENT DU XVI<sup>e</sup> SIÈCLE, RÈGNE DE LOUIS XII.

Hauteur, 0<sup>m</sup>,108. — Longueur, 0<sup>m</sup>,255. — Largeur, 0<sup>m</sup>,178.

Il est taillé dans un bloc de cristal, sur un plan octogone ; une feuille & une tête de Silène, semblables à celles qui sont dessinées sur la planche qui nous occupe, sont répétées au côté opposé du bassin. Ces sculptures sont une imitation exacte des bas-reliefs antiques, telles qu'ont été celles que les artistes florentins ont produites au quinzième siècle, inspirés par les marbres que les princes de la maison de Médicis avaient réunis dans les jardins de leur palais.

Toutes les œuvres de l'art italien, à cette époque, se ressentent de l'étude des modèles antiques ; ce n'est point à Florence seulement que leur influence fut dominante, elle s'étendit sur toute l'Italie : le goût & le style que nous admirons dans les sculptures de ce bassin de cristal, nous les pouvons retrouver dans la forme & l'ornementation d'une vasque de marbre, provenant d'une fontaine dont la république de Venise fit don au cardinal d'Amboise. La date certaine de ce monument, qui occupait le centre de la cour du château de Gaillon, le rend fort intéressant pour l'histoire de l'art ; il est actuellement placé au Louvre, dans le musée des marbres de la renaissance, & est décrit sous le n° 17 de notre notice des sculptures modernes ; introduite en France, à la suite des expéditions de Charles VIII & de Louis XII, la fontaine de Gaillon, dont la vasque, conservée au Louvre n'était qu'une partie, fit connaître un art nouveau qui, d'abord pratiqué par les architectes, le fut bientôt par tous ceux qu'occupait la fabrication des objets mobiliers.

Le bassin de cristal de roche, gravé sur la planche XV, est, comme la vasque dont nous avons rappelé l'histoire, un très-pur spécimen des imitations de l'antiquité, fait à l'époque où ces copies ont été fidèles.

[N° 212 de l'*Inventaire des bijoux de la Couronne*, 1791.]

MUSÉE DU LOUVRE

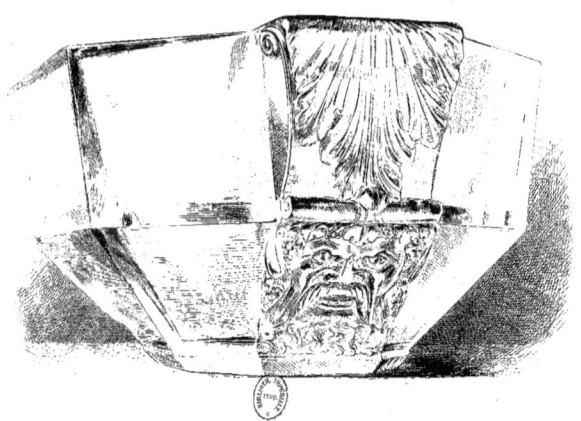

# ÉPÉE DE FRANÇOIS PREMIER

Longueur. . . . . . . . . . . . . . . 0<sup>m</sup>,960.

La poignée est d'or, ciselée, émaillée en plusieurs places : les feuillages & les rinceaux qui décorent le pommeau, repoussés sur une plaque d'or, se découpent sur un fond d'émail rouge; les côtes qui profilent la fusée sont revêtues d'émaux alternativement rouges & blancs, & des cordelettes d'or les séparent.

Ce sont des orfévres italiens qui, au commencement du seizième siècle, ont ciselé cette élégante poignée; ils y ont presque écrit le nom du jeune prince auquel elle était destinée, en plaçant près du pommeau l'emblème qu'il avait adopté, lorsqu'il n'était encore que duc de Valois & comte d'Angoulême : « Une salamandre couchée à plat sur des flammes qui lui paraissent à côté des flancs & de toutes parts, elle tournant son regard vers la partie du ciel, sa queue trainante sur terre, repassée comme à double nœud. » Les mots IN BRACHIO SUO, dont les lettres émaillées de blanc se détachent si nettement sur le fond d'or granulé des gardes, ont, sur le côté opposé, leur complément : FECIT POTENTIAM; ils sont empruntés à l'Évangile de saint Luc, mais leur signification sur la poignée d'une arme n'est pas exactement la même que dans le cantique de la Vierge : la pensée qu'ils expriment ici, c'est que l'épée donne la puissance au bras qui la porte. Promesse trompeuse, car cette arme, avec la personne du Roi, est tombée au pouvoir des Espagnols vainqueurs, au dernier moment du combat de Pavie. La France ne l'a recouvrée qu'en 1808.

Si nous n'avons pas encore parlé de la lame, c'est qu'en observant qu'elle est d'un siècle au moins plus vieille que la poignée, nous nous sommes demandé si ce sont les orfévres italiens qui, dès l'origine, avaient employé cette lame du quatorzième siècle, pour y adapter leur élégante monture, ou si les Espagnols l'ont ajoutée, l'arme conquise étant incomplète? L'on sait qu'au combat de Pavie, François premier brisa deux épées; il ne fut pris & désarmé qu'après une lutte désespérée; la poignée, dont la gravure de M. Jacquemart ne peut montrer qu'un des côtés, porte de l'autre la marque de chocs redoutables : le revêtissement d'or & d'émaux de cette partie du pommeau manque entièrement; l'on a donc peine à comprendre que la lame soit restée aussi intacte.

L'inscription gravée sur son canal, & dont notre planche, en raison de la coupure nécessitée par son format, ne reproduit que deux lettres, nous fait connaître le nom de l'armurier qui l'a fabriquée : CHATALDO TE FECIT. Les caractères sont du quatorzième siècle, & du même temps sont les ornements dorés qui les accompagnent.

L'épée de François premier est conservée dans le Musée des Souverains.

(N° 52 de notre notice, *Antiquités nationales*.)

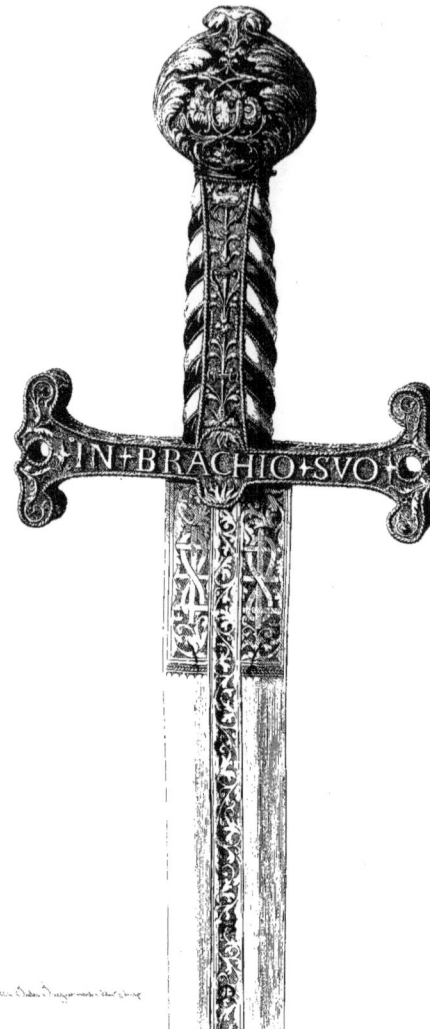

# AIGUIÈRE DE CRISTAL DE ROCHE

### XVI° SIÈCLE, RÈGNE DE FRANÇOIS I<sup>er</sup>

Hauteur, 0<sup>m</sup>,265. — Longueur, 0<sup>m</sup>,310.

---

L'aiguière, au moyen âge, était le vase destiné à contenir l'eau qui était versée dans le hanap, pour être bue; son nom indique son usage : dans l'ancienne langue française, aigue se disait pour eau, & les Espagnols ont conservé aujourd'hui encore le mot *agua*.

La forme des aiguières a beaucoup varié : il en est une, dont la patrie est l'Orient, qui a été imitée dans nos contrées, diversement selon les temps, qui se fait encore de nos jours & à laquelle le nom d'aiguière semble être maintenant exclusivement réservé. Il n'en était pas de même au moyen âge; l'aiguière avait toutes sortes de formes dont souvent la complication était des plus bizarres : les inventaires nous en désignent représentant un homme assis sur un serpent ailé, un homme assis sur un coq, une femme assise tenant une fleur & dans la fleur était le biberon. Le duc d'Anjou, frère du roi Charles V, possédait un coq faisant une aiguière, un lion d'argent doré, une sirène, un oiseau; il avait un griffon dont il nous paraît à propos de détailler ici la composition : « La queue de ce griffon, faisant aiguière, retournait entre les deux oreilles; au bout de ladite queue était comme une rose, & au milieu de cette rose un pertuis pour jeter l'eau dedans; & du bec du griffon sortait le biberon. »

L'artiste du seizième siècle qui a imaginé l'œuvre que nous étudions, ayant quatre morceaux de cristal, a taillé dans un la tête & l'encolure d'un léopard, dans le plus grand & dans un moindre le corps & les pattes d'un oiseau, dans le plus petit la queue d'un dragon; près de la courbe de la queue il a pratiqué un orifice ou pertuis pour introduire le liquide qui a son écoulement par la gueule béante servant de biberon; il a fait pour François I<sup>er</sup> une aiguière chimérique ayant toutes les conditions essentielles & offrant toutes les particularités que nous avons signalées dans le griffon du duc d'Anjou.

L'orfèvre, qui a ajusté les quatre parties du vase, les a cerclées dans des attaches d'or émaillé; les vignettes délicates qu'on y voit dessinées se détachent en or sur un émail noir.

Nous dirons, en décrivant la planche dix-neuvième, quel était le hanap qui accompagnait cette aiguière.

(N° 195 de l'*Inventaire des bijoux de la Couronne*, 1791.)

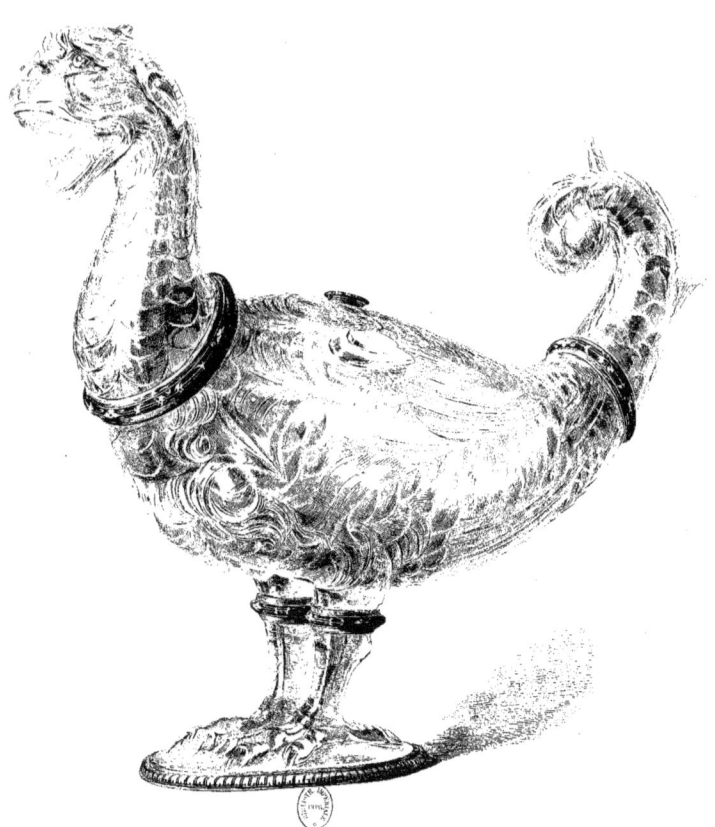

# VASE DE JASPE ORIENTAL

XVIᵉ SIÈCLE, RÈGNE DE FRANÇOIS Iᵉʳ. — TRAVAIL D'ORFÉVRERIE ATTRIBUÉ A BENVENUTO CELLINI

Hauteur, 0ᵐ,230. — Diamètre du fût cylindrique, 0ᵐ,066.

Le corps du vase taillé dans un seul morceau, la patte rapportée au-dessous de l'anneau, & le bouchon, sont de même jaspe dont la coloration dominant en rouge sanguin est mêlée de tons bruns passant du vert au jaune, avec quelques veines blanches.

Les montures sont d'or émaillé; un émail bleu-lavande est largement posé sur les têtes & les pattes des animaux chimériques dont sont composées les anses; sur les autres détails l'or, l'émail noir, le blanc & un peu de vert sont harmonieusement répartis. C'est le vert qui domine sur les ailes des petites sirènes & des animaux femelles à têtes de lionnes, qui forment au-dessous des anses & autour du fût le gentil bracelet où l'on reconnaît surtout l'invention & la main de Cellini. La gorge & les têtes des sirènes sont émaillées en couleur de chair; les têtes de lionnes sont bleu-turquoise; les petites gaines qui terminent les unes & les autres sont d'émail bleu-lavande. L'on retrouve la même couleur sur l'anneau d'or qui réunit le vase à sa patte, & de place en place sont posées des touches d'émail vert imitant des émeraudes. Le noir, le blanc & le vert sont distribués presque également sur les ornements du cercle d'or qui termine la patte. Douze rubis forment l'anneau du bouchon.

Au seizième siècle, la passion des productions ingénieuses de l'art fut dominante en France; elle inspira à ceux qui les ordonnaient, comme à ceux qui en étaient les créateurs, le désir de posséder & la volonté de faire des œuvres uniquement destinées à plaire, sans aucune préoccupation d'un usage domestique. Tel est le vase que nous avons sous les yeux, élégant, délicatement orné, digne d'être offert à un roi protecteur des arts, & assurément exécuté par un orfévre habile.

(*Nº 461 de l'Inventaire des bijoux de la Couronne, 1791.*)

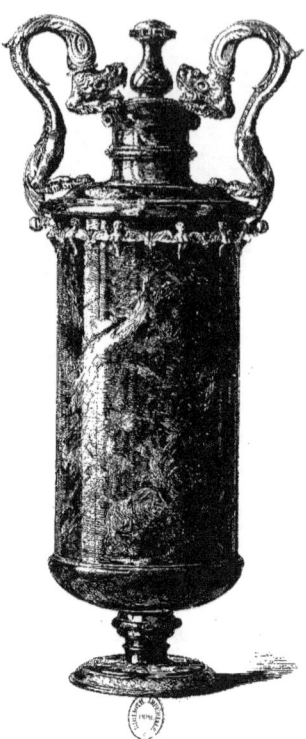

# HANAP DE CRISTAL DE ROCHE

XVI<sup>e</sup> SIÈCLE, RÈGNE DE FRANÇOIS I<sup>er</sup>

Hauteur, 0<sup>m</sup>,155. — Longueur, 0<sup>m</sup>,240.

Le hanap est le vase à boire; les chroniqueurs et les poëtes du moyen âge en ont popularisé le nom, les inventaires des vaisselles royales en ont déterminé les formes : le hanap dont se servait saint Louis était en façon de petit bassin; ceux qui furent en usage aux quatorzième & quinzième siècles, décrits en plus d'un endroit, sont de formes très-variées, comme ont été les aiguières; ils étaient avec ou sans pied, avec ou sans couvercle; le plus souvent imitant un calice & tendant toujours à se rapprocher de la forme d'une coupe.

L'artiste du seizième siècle a qui échut la bonne fortune d'avoir à travailler un morceau de cristal de roche, l'un des plus brillants et des plus purs qu'il soit possible de voir, a imaginé d'y tailler un poisson & d'en faire un vase à boire. Il l'a exécuté avec une fermeté de dessin; une précision de lignes, un accord de toutes les parties entre elles, une légèreté dans les détails, qu'on ne saurait trop admirer. Il a distribué son œuvre ingénieusement : la partie supérieure, formant couvercle, se détache pour que le liquide y puisse être versé; un orifice est pratiqué à l'une des extrémités pour que les lèvres s'y placent facilement; un pied à balustre, dont la base imite une coquille, détermine le hanap en le supportant.

Le couvercle & le pied, à l'endroit où il pénètre le ventre du poisson, sont garnis d'une monture d'or émaillée qui est exactement semblable à celle de l'aiguière gravée sur la planche XVII, le hanap et l'aiguière, pièces d'un même service, ayant été faits l'un pour l'autre & se complétant mutuellement. Ces montures, dont les profils ont beaucoup de finesse, sont parfaitement émaillées; les légers dessins d'or qui sont enlevés sur les fonds, laissent dominer la couleur noire de l'émail, qui met en valeur la transparence & l'éclat des cristaux.

(N° *193 de l'Inventaire des bijoux de la Couronne, 1791.*)

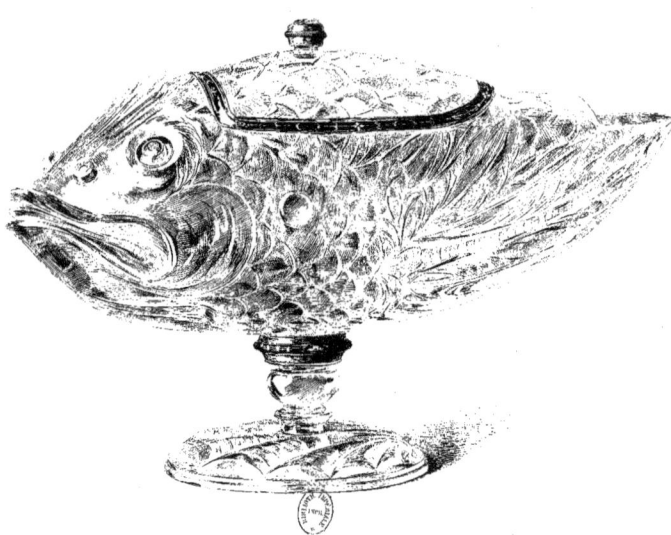

GEMMES ET JOYAUX.

PLANCHE XX.

# COUPE DE JASPE ORIENTAL

XVIe SIÈCLE, RÈGNE DE FRANÇOIS Ier

Hauteur, 0m,083. — Longueur, 0m,165.

Le jaspe est de couleur aventurinée; il est mêlé de tons pourpres & de veines blanches translucides. La coupe, taillée avec beaucoup d'art, se distingue par sa légèreté, par l'élégance & la correction de sa forme oblongue, par la netteté des arêtes, par l'amincissement des bords. Le pied en balustre est de même matière que la coupe.

Les anses, ciselées et découpées à jour, qui s'enroulent sur les bords de la petite vasque, de même que les dauphins & les ornements qui la rattachent au balustre du pied, sont d'or & émaillées; dans la coloration des anses, l'émail blanc domine; le rouge, le vert, le bleu sont répartis sur l'agrafe & sur les dauphins dont est couronné le balustre du pied.

Cette gentille coupe n'a pas été faite pour un usage domestique; elle n'a ni les dimensions d'un drageoir, ni la profondeur d'une vasque dans laquelle on peut boire. Nous avons déjà signalé une série nouvelle d'œuvres précieuses, créées par les artistes du seizième siècle, uniquement pour faire preuve de leur savoir & de leur goût. Telles n'avaient pas été les habitudes du moyen âge, & les objets travaillés pendant les siècles qui ont précédé celui où a régné sur la France la branche des Valois, quelque enrichis qu'ils soient par les recherches de l'art, ont toujours été faits en vue d'un emploi usuel. Si nous avions à démontrer qu'au seizième siècle, les artistes se sont affranchis de cette règle, nous pourrions citer notre Bernard Palissy, inventeur de toute une classe de vaisselle qui ne peut pas servir. Il est vrai qu'il y a déployé tant d'imagination, tant d'art & de science laborieusement acquise, qu'il ne peut nous venir à la pensée de lui reprocher l'inutilité de son œuvre. Les qualités que nous y admirons, nous sommes en droit de les exiger de tout ouvrage dont la seule destination est de plaire; elles existent incontestablement dans la coupe gracieuse dont nous avons étudié les détails

(No 346 de l'Inventaire des bijoux de la Couronne, 1791.)

MUSÉE DU LOUVRE.

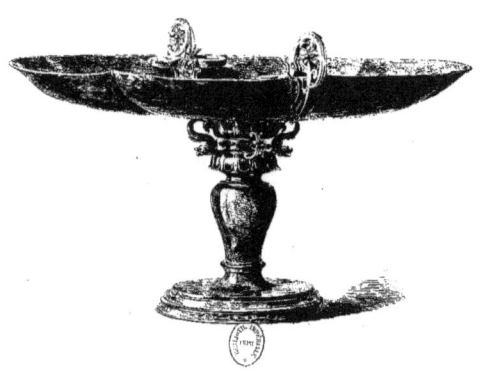

## BOUTEILLE DE CRISTAL DE ROCHE

XVIᵉ SIÈCLE, REGNE DE FRANÇOIS Iᵉʳ

Hauteur, 0ᵐ,295. — Diamètre à la base, 0ᵐ,090.

Le corps du vase est d'un seul morceau, le goulot est rapporté. La forme de la bouteille, simple & se rapprochant de celle de la carafe moderne, était au seizième siècle une innovation; elle marque la transition entre le goût du moyen âge & celui qui, en se modifiant, a persisté jusqu'à nos jours. L'orifice du goulot est tracé d'après des règles qui, de notre temps, ne sont plus assez observées : quatre lobes, sortes de lèvres pratiquées sur le bord, sont le prolongement & l'épanouissement des sections tracées sur le corps du vase; ils ont un autre but que de produire, par des lignes élégantes, un effet agréable : ils présentent au liquide, lorsqu'on le veut verser, sur chacun des côtés, une issue séparée, & en facilitent l'écoulement qu'ils localisent & qu'ils dirigent.

L'ornementation de la bouteille réunit les deux modes de graver sur cristal que nous avons eu l'occasion de signaler; en expliquant le calice reproduit par la planche IV, nous avons fait une distinction entre la gravure de la coupe qui est une intaille & celle du pied qui est une sculpture en bas-relief; dans la gravure de la coupe, nous avons reconnu un travail exécuté en Occident & constaté une origine orientale dans la sculpture du pied. La bouteille dont nous étudions les détails est un exemple de ce qu'ont produit, au seizième siècle, par l'assemblage sur une même œuvre des deux manières de graver le cristal, les artistes qui ont possédé & pratiqué l'une & l'autre.

C'est dans les ouvrages de Venise que cette union des deux arts se remarque le plus souvent : les cuivres gravés, les fers damasquinés, les marqueteries de bois, les faïences décorées, les étoffes tissées ou brodées à l'aiguille, nous fourniraient plus d'une preuve de travaux orientaux faits par des Vénitiens ou d'œuvres italiennes exécutées par des ouvriers instruits en Orient. Cette bouteille nous paraît être vénitienne & taillée par un homme qui a connu l'art oriental. La forme se retrouve dans les produits des fabriques de Murano; la décoration, composée de roses & de croissants, a peu d'analogues dans les œuvres de nos contrées.

Les petites anses ciselées, qui sont agrafées sur des tenons réservés lorsqu'a été taillé le cristal, sont d'or; des moulures d'argent doré entourent la base de la bouteille & relient le goulot au corps du vase.

(Nº 176 de l'*Inventaire des bijoux de la Couronne*. *1791*.)

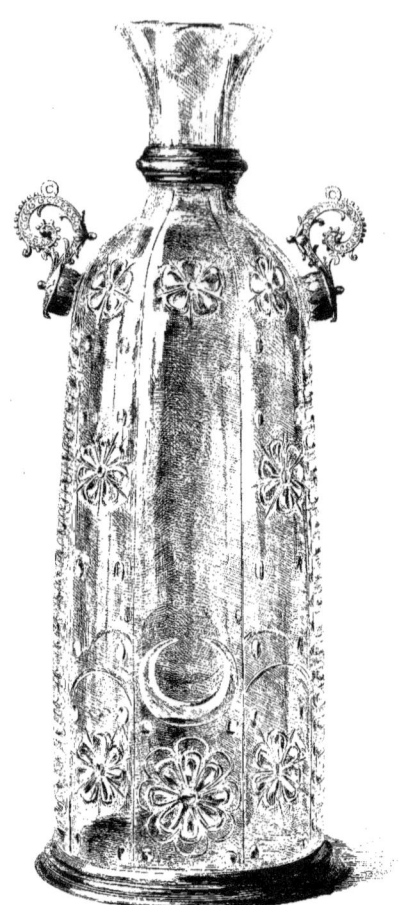

# COUPE DE JASPE

#### XVIᵉ SIÈCLE, RÈGNE DE FRANÇOIS Iᵉʳ

Diamètre, 0ᵐ,132. — Hauteur, 0ᵐ,086.

La coupe qui est circulaire & le pied rapporté sont taillés dans une pierre de couleur sombre, mêlée de tons bruns & aventurinés sur lesquels se détachent des veines d'un rouge sanguin très-vif & d'autres qui sont blanches. Les montures sont or : les serpents qui forment les anses sont ciselés & émaillés; quelques émaux simulent des pierreries sur l'anneau & sur le cercle qui enchâssent le pied.

De toutes les gemmes colorées, la sardoine semble avoir été celle qui, dans l'antiquité, a été préférée; les vases les plus rares & les plus anciens que possède la collection de la couronne sont des vases de sardoine. Au seizième siècle, en même temps que le cristal de roche, le jaspe apparaît, comme la pierre de prédilection, &, parmi les jaspes, ceux qui sont mêlés de couleurs & de nuances multiples ont été les premiers que les orfévres ont recherchés pour les orner de leurs montures. Les vases & coupes reproduits par les planches XVIII & XX, celle que nous avons sous les yeux, ceux que nous verrons plus loin gravés sous les numéros XXIV & XXVI, sont tous de jaspe, & les pierres dures dans lesquelles ils sont taillés ont été choisies parmi les variétés qui réunissent les tons les plus vifs et les plus opposés. Ce n'est que plus tard que nous trouverons un vase de jaspe sanguin, matière qui, sous Henri II & ses fils, sera, de préférence aux autres, employée jusqu'au jour où l'agate orientale deviendra la pierre à la mode. Observons dès à présent que les orfévres du seizième siècle, en travaillant sur des matières différentes, ont changé leur manière : pour les jaspes qui sont diaprés de plusieurs nuances, l'or ciselé & quelques touches d'émaux leur ont paru suffire; ils ont relevé par la blancheur des perles & par l'éclat de quelques pierres fines la coloration intense & sombre du jaspe sanguin; ils ont prodigué les pierreries de toutes couleurs & les émaux de tous les tons, quand ils ont eu pour fond la nuance pâle d'une agate transparente.

( Nº 494 de l'Inventaire des bijoux de la Couronne, 1791.)

PL. 22. MUSÉE DU LOUVRE

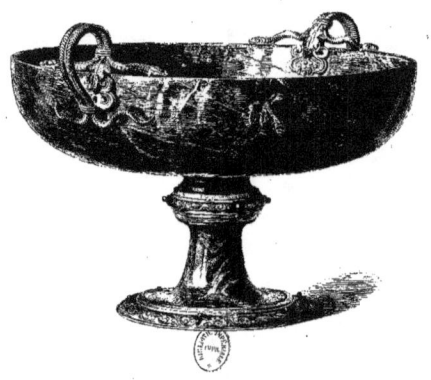

# DRAGEOIR DE CRISTAL DE ROCHE

XVIᵉ SIÈCLE, RÈGNE DE FRANÇOIS Iᵉʳ

Hauteur, 0ᵐ,125. — Longueur, 0ᵐ,210.

La coupe en forme de coquille est d'un seul morceau; le pied en balustre est rapporté; l'anneau d'or qui cache la jonction des deux pièces est rehaussé d'émaux imitant des pierreries. Nous retrouverons une monture semblable sur plusieurs des objets qui nous restent à examiner, parce qu'ils ont appartenu à un même service de table; tels sont les trois drageoirs, la salière, le verre, qui sont représentés sur les planches XXV, XXVI, XXVII, XXVIII, XXIX; service de table vraiment royal, où les cristaux de roche étaient entremêlés aux vases de jaspe & de lapis, taillés dans des matières choisies, dessinés, décorés avec un art exquis.

La forme d'une coquille est, au nombre de celles dont la nature nous offre le modèle, l'une des plus parfaites & des plus propres à être imitée; elle semble tracée tout exprès pour contenir un liquide, & sa destination est si apparente que souvent des coquilles naturelles ont été employées à cet usage. Tout le monde connaît celles qui servent de bénitiers dans l'église de Saint-Sulpice, données, dit-on, au roi François Iᵉʳ par la république de Venise; souvent on en rencontre dans le soubassement des fontaines; toujours elles plaisent, comme plaît toute chose qui est bien à sa place.

Les artistes du moyen âge ont maintes fois sculpté, ciselé, modelé l'imitation de la coquille; il n'était pas besoin qu'elle rappelât le souvenir de l'apôtre saint Jacques, & qu'elle fût consacrée aux pèlerins, pour être un motif fréquemment employé par les arts du dessin & répété en plus d'un endroit, la grâce & la perfection de sa forme eût suffi; aussi le seizième siècle, & ceux qui ont suivi, ont-ils eu garde de renoncer aux ressources qu'offraient aux décorateurs les contours des coquilles. Le lapidaire dont nous étudions le travail s'est très-habilement inspiré de la vue de l'une d'elles, & en taillant dans un pur cristal l'une des variétés les plus correctes, il a produit un ouvrage aussi élégant qu'il est simple.

(Nᵒ 262 de l'Inventaire des bijoux de la Couronne, 1791.)

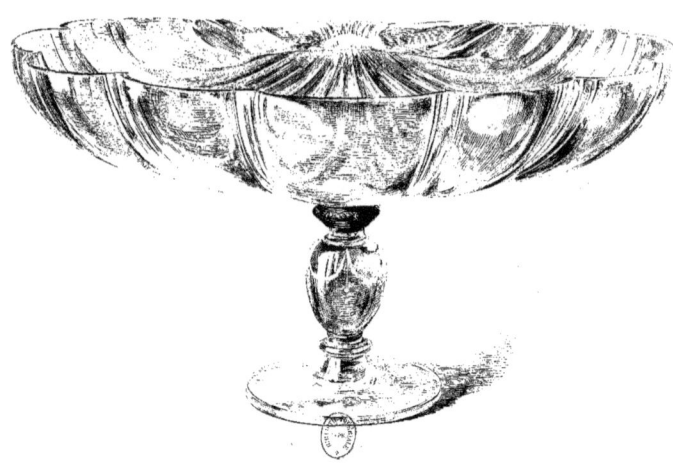

GEMMES ET JOYAUX

PLANCHE XXIV.

## COUPE DE JASPE DE SICILE

XVIᵉ SIÈCLE, RÈGNE DE FRANÇOIS Iᵉʳ

Hauteur, 0ᵐ,190. — Longueur, 0ᵐ,135. — Largeur, 0ᵐ,105.

La vasque qui est de forme ovale, le pied taillé en balustre, & la patte extraite d'un troisième morceau, proviennent d'agates de même espèce. Les nuances qui dominent dans la coloration sont orangées, d'autres sont sanguines, & le fond est mêlé de plusieurs tons de gris. Les dessins arabesques qu'on voit tracés sur les trois parties de la coupe y sont intaillés par une profonde gravure. Les montures sont d'or, & des émaux brillants sont apposés sur quelques détails des agrafes qui rattachent la vasque au balustre & le balustre à la patte.

Les montagnes de la Sicile sont très-riches en jaspes, & les espèces qu'elles renferment sont extrêmement variées. A Palerme, sont encore de nos jours établis des lapidaires qui les taillent en tables & qui en font des ouvrages assemblés; ceux qu'ils exécutent pour le pavage des palais sont combinés comme l'*opus alexandrinum* dont ils ont continué la tradition et perpétué l'usage. La Sicile est la mine féconde dont sont sorties les pierres éclatantes qui décorent les autels, dans les églises de Rome, de Naples, de Florence & de Gênes; elles entrent dans la composition des mosaïques, & les tons neutres dont plusieurs d'entre elles sont composées offrent d'heureuses ressources pour l'harmonie du travail.

C'est en Sicile que nos orfèvres pourraient, sans dépense excessive, obtenir des pièces taillées, de colorations très-variées, telles qu'ont été celles qui ont inspiré tant de gracieux motifs de monture aux artistes du seizième siècle. Il ne manque aux lapidaires de la Sicile que des modèles de forme : puissent-ils connaître & mettre à profit celles que nous espérons faire revivre, en entreprenant d'en répandre, par la gravure, l'étude & le goût!

Sans faire une imitation servile, que ces artistes recherchent dans les modèles les lois d'après lesquelles un vase, une coupe, un bassin, peuvent atteindre l'élégance & approcher de la perfection.

(Nᵒ 221 de l'*Inventaire des bijoux de la Couronne*, 1791.)

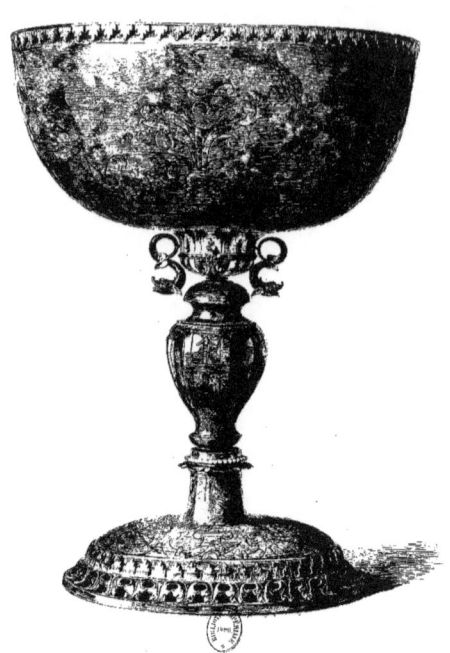

## DRAGEOIR DE CRISTAL DE ROCHE

XVI<sup>e</sup> SIÈCLE, RÈGNE DE FRANÇOIS I<sup>er</sup>

Hauteur, 0<sup>m</sup>,170. — Longueur, 0<sup>m</sup>,230.

La coupe, en forme de nacelle, est taillée dans un seul morceau; le pied en balustre est rapporté; la jonction est cachée par un anneau d'or rehaussé d'émaux imitant des pierreries; nous avons signalé déjà cette ornementation, que nous retrouverons encore. La coupe est gravée : des tritons & des monstres marins s'ébattant dans des eaux agitées sont comme noyés dans le fond du vase; le dessin en est élégant & l'exécution très-franche.

L'Italie possédait au commencement du seizième siècle plusieurs hommes fort habiles pour graver le cristal : parmi eux se tenait au premier rang Jean Bernardi de Castel-Bolognèse; il était né dans la petite ville de la Romagne, dont il a conservé & illustré le nom. Étant jeune, il fut chargé par le duc de Ferrare de graver sur un morceau de cristal de roche l'attaque du fort de la Bastie, où ce prince avait été blessé; plus tard il travailla pour le pape Clément VII, & en 1535, après la mort du souverain Pontife, il entra au service du cardinal Alexandre Farnèse; c'est par son ordre qu'il exécuta, sur des plaques de cristal de roche, plusieurs compositions tirées du Nouveau Testament, lesquelles enrichissaient le pied d'une croix dont le cardinal avait fait présent à l'église de Saint-Pierre.

Mariette, qui, dans son traité des pierres gravées, a réuni les détails que nous racontons après lui, possédait un dessin très-terminé de l'une de ces compositions : le sujet était la résurrection de Lazare; il y reconnaissait la manière et le goût de Perino del Vaga. A cette occasion il observe, et c'est avec raison, que les graveurs sur cristal empruntaient aux peintres leurs compositions. Si nous avons rappelé ici l'opinion de Mariette, c'est qu'elle nous a paru confirmée par cette coupe où nous retrouvons également le goût et la manière de Perino del Vaga, sans pouvoir, faute de preuves, affirmer qu'elle soit l'œuvre de Castel-Bolognèse. Elle a appartenu au même service de table dont ont fait partie les pièces reproduites par les planches XXIV, XXVI, XXVII, XXVIII, XXIX.

( N° 243 de l'Inventaire des bijoux de la Couronne, 1791.)

Pl. 25.  MUSÉE DU LOUVRE.

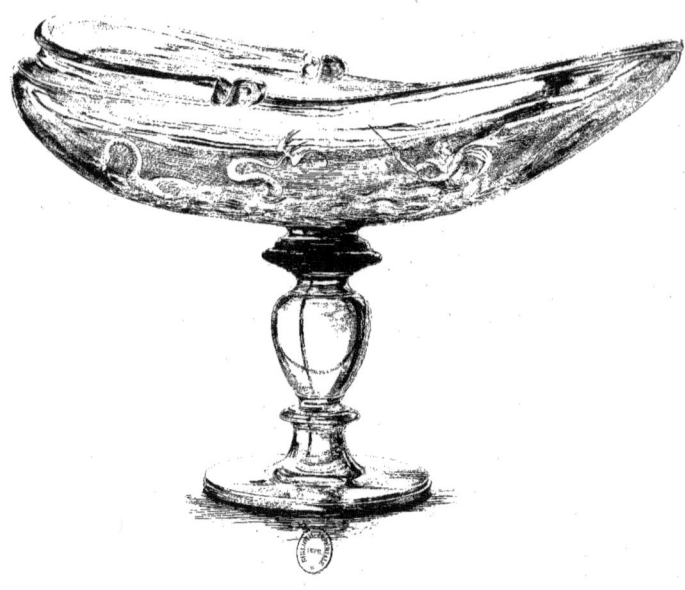

GEMMES ET JOYAUX.

# DRAGEOIR DE JASPE ORIENTAL

XVIᵉ SIÈCLE, REGNE DE FRANÇOIS Iᵉʳ

Hauteur, 0ᵐ,068. — Longueur, 0ᵐ,200.

Le jaspe, dans lequel le vert domine, mêlé de nuances jaunes, blanches, rouges, et de tons violacés, est de la coloration la plus vive, transparent, éclatant. La taille en est savante, car c'est un effort de l'art, étant donnée une forme simple, de la dessiner avec élégance et fermeté. Les ornements qu'on aperçoit sur le corps du bassin sont tracés par deux traits profondément gravés dans le jaspe; ceux que l'on distingue sur la dernière moulure du soubassement sont des appliques d'or ciselé, découpées et rehaussées de place en place par des émaux imitant des pierreries.

S'il est une forme naturelle, c'est celle que nous avons sous les yeux, mais assurément elle ne manque ni de grâce ni de distinction; elle convient à nos usages modernes & pourrait être aisément transportée dans les fabrications qui travaillent pour la garniture de nos tables.

Lorsque nous avons expliqué la planche XIII, nous avons déterminé quelle était au moyen âge la construction d'un drageoir; nous l'avons démontrée en nous appuyant sur les descriptions des inventaires & en faisant abstraction de tous les détails qui ne sont que décoratifs : c'était alors quelque chose de très-semblable à une coupe, avant que la forme de la coupe eût été dégagée, telle qu'elle a été au seizième siècle, & telle qu'elle est encore de nos jours.

Lorsqu'en France, les goûts & les habitudes se sont modifiés, le drageoir, comme tous les autres vases, a été simplifié, il s'est abaissé, & les sucreries sèches ou liquides, les dragées, les confitures, ont été servies sur les tables dans des bassins peu élevés, tel qu'est celui gravé sur la planche XXVI. Il peut donner l'idée de la transition par laquelle sont passées toutes les pièces d'un service depuis les temps féodaux jusqu'aux siècles où se sont établis & perfectionnés nos usages. Les formes créées dans les manufactures de porcelaines, & principalement à Sèvres, sous le règne de Louis XVI, ont été le dernier terme de cette transformation. L'on sait combien sont variées les pièces qui dans un service de Sèvres sont destinées à recevoir les compotes & les sucreries; parmi elles, la coquille a été conservée; le cercle, le carré, le losange, ont été les modèles imités & traduits; la forme tracée sur un plan ovoïde dont notre drageoir de jaspe offre un type parfait, a été choisie pour le bassin qui porte le nom de ravier.

(Nᵒ 429 de l'*Inventaire des bijoux de la Couronne, 1791*.)

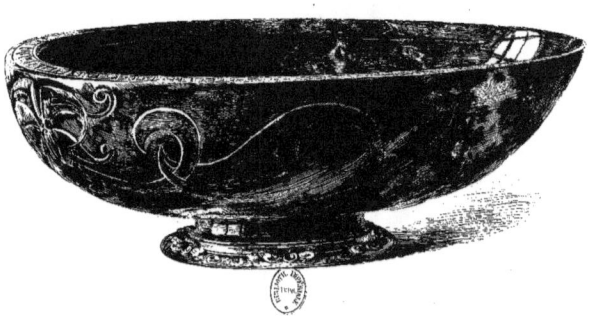

## NEF DE CRISTAL DE ROCHE

XVI° SIÈCLE, REGNE DE FRANÇOIS I°'

Longueur, 0m,280. — Largeur, 0m,120. — Hauteur, 0m,120.

Le corps du vase est taillé dans un seul morceau; les deux anses sont rapportées. Un orifice est pratiqué à la pointe de la nef pour l'écoulement des liquides qu'elle était destinée à contenir. Les sujets gravés représentent des scènes du déluge : l'on y voit l'arche sainte, quelques constructions sur des lieux élevés que les eaux n'ont pas encore atteints, & l'on distingue les habitants de la terre cherchant un refuge dans les arbres. Les montures de la base & les agrafes des anses sont d'or & enrichies de quelques émaux.

Nous avons donné le nom de nef à cette pièce d'un service de table, en raison de sa forme, qui est celle d'un vaisseau, & parce qu'elle remplissait l'un des offices qui au moyen âge étaient attribués à la nef. Quoique souvent l'imitation du vaisseau ait été assez exacte, pour que la mâture, la voilure, les vagues même de la mer fussent fidèlement reproduites par la pièce d'orfèvrerie, le plus souvent elle n'était pas poussée jusqu'à cette similitude minutieuse; il suffisait que le vase eût l'apparence d'une nacelle. L'Inventaire du roi Charles V contient les descriptions d'une grande nef d'or ayant à ses extrémités deux anges & portée par six lions; d'une petite nef d'or qui, à ses deux bouts, avait deux serpents; une autre était assise sur quatre lions, une autre soutenue par quatre sirènes. M. le comte de Laborde, dans son glossaire & répertoire, à la page 405, sous la date de 1589, désigne « un vaisseau d'argent, doré & tout ciselé, fait en forme de nef, excepté qu'il avait un pied pour le tenir ferme sur la table; » tel était celui que l'on voit au Louvre & dont nous n'avons fait reproduire sur la planche XXVII que la partie supérieure, le pied étant d'un tout autre art & d'un temps tout différent qu'est la nacelle taillée dans le cristal & gravée par des artistes italiens.

(N° 226 de l'Inventaire des bijoux de la Couronne, 1791.)

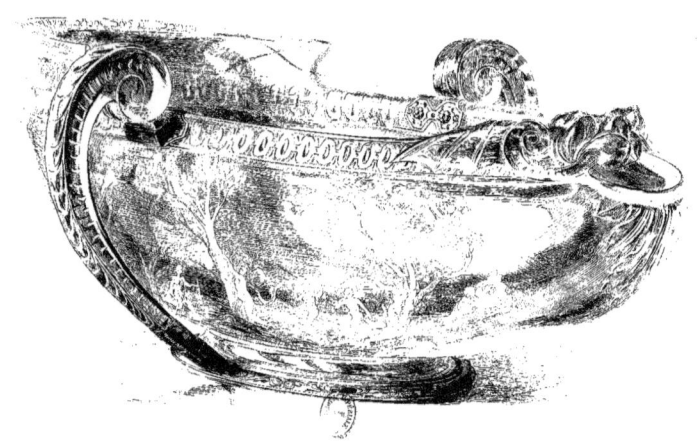

# SALIÈRE DE LAPIS-LAZULI

XVIe SIÈCLE, RÈGNE DE FRANÇOIS Ier

Hauteur, 0m,140. — Longueur, 0m,160.

La coupe ayant la forme d'une nacelle, le couvercle & le bouton qui sert à le saisir pour le soulever, le pied en balustre, sont taillés dans des blocs de lapis de même nature, d'une coloration vive & franche, quoiqu'il soit mêlé de quelques pyrites de fer. Ce sont des coquilles qui, sculptées en bas-relief, décorent les deux côtés de la coupe, & aussi des coquilles qui sont simulées sur les deux extrémités du couvercle. Des cercles d'or, ornés de reliefs finement ciselés & d'émaux imitant des pierreries, relient le couvercle au bouton en forme de petit vase, la coupe au balustre, & encadrent le bord inférieur de la patte. Nous avons signalé des montures d'orfévrerie semblables sur les pièces, provenant d'un même service, que représentent les planches XXIII, XXV, XXVI, XXVII.

L'on ne saurait trouver dans la nature une couleur plus agréable que celle du lapis; c'est la couleur du ciel. Les artistes des quinzième & seizième siècles l'ont affectionnée : Luca della Robbia l'a choisie pour le fond de ses poétiques sculptures, les peintres de Limoges l'ont appliquée sur le champ de leurs précieux portraits. Le lapis a été taillé & enrichi par les inventions des plus habiles orfévres; aplani en façon de petit tableau, il a été décoré par le pinceau des plus grands peintres : la bibliothèque de la ville de Brescia possède un médaillon de lapis peint par Titien; la collection de M. Debruge-Duménil en renfermait un fort délicatement enluminé.

La pureté & l'éclat de la nuance sont les premières conditions de beauté pour le lapis. Nous ne partageons pas l'opinion de ceux qui ont écrit que de la Chine, comme de la Perse, provenaient les blocs les plus azurés; nous avons souvent observé le contraire, &, lorsqu'un objet chinois nous a été présenté, taillé dans une matière qui surpassait en intensité & homogénéité de couleur bleue tous les lapis connus, nous l'avons éprouvé avec une pointe d'acier & avons découvert une falsification adroite : ce prétendu lapis de la Chine, sans défauts ni mélange de pyrites, n'était qu'un calcaire recouvert superficiellement d'une teinture éclatante.

(N° 521 de l'Inventaire des bijoux de la Couronne, 1791.)

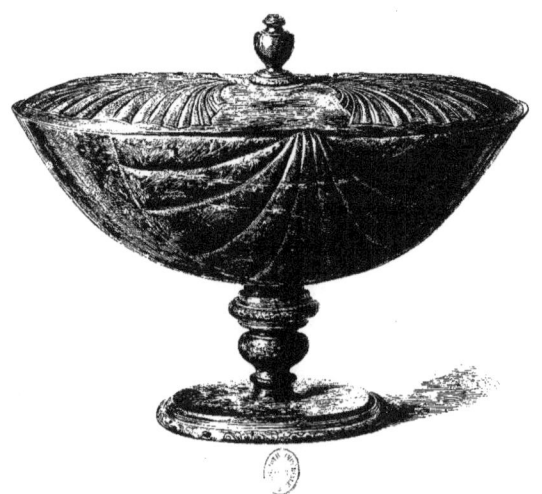

# VERRE DE CRISTAL DE ROCHE

XVIe SIÈCLE, RÈGNE DE FRANÇOIS Ier

Hauteur, 0m,220. — Diamètre, 0m,127.

Le calice est d'un seul morceau, le pied en balustre est rapporté; la jonction des deux pièces est cachée par un motif d'orfévrerie offrant un mélange de ciselures & d'émaux : ceux qui sont apposés sur l'anneau inférieur imitent des pierreries; nous avons déjà signalé cette décoration sur les pièces que reproduisent les planches XXIV, XXV, XXVI, XXVII, XXVIII, pièces d'un même service.

La correction & l'élégance du dessin, la finesse de l'exécution, sont réunies dans les ornements gravés sur le verre. Sur le pourtour, trois compartiments de rinceaux alternent avec trois figures de femmes; celle que l'on voit portant une corne remplie de fruits, est une nymphe de Pomone; une autre, qui est nue, ayant sur la tête une corbeille de fleurs, est la nymphe de Flore, & l'on reconnaît une suivante de Diane dans la troisième femme qui tient une flèche & un arc. Le goût des compositions & des figures mythologiques que les peintres & les sculpteurs du palais de Fontainebleau avaient introduit & répandu en France, s'étendait des grands monuments sur tous les ustensiles de la vie privée; nos artistes s'inspiraient de ces réminiscences poétiques : nous verrons notre Jean Goujon consacrer son talent enchanteur aux nymphes des fontaines; nous rencontrerons les images des divinités païennes sur les armes, sur les vaisselles d'or, d'argent, de cristal ou de faïence.

Le temps était proche où le verre factice remplacerait sur les tables le cristal de roche : es verriers de Murano faisaient connaître en Italie & dans les pays voisins leurs produits élégants; ils en avaient pu trouver les modèles dans le trésor de Saint-Marc de Venise, qui, de nos jours encore, possède de précieux spécimens des plus beaux verres antiques; ils en répandaient l'usage par les échanges du commerce. Plus tard, malgré les précautions soupçonneuses de la république de Venise, les procédés des fabricants de Murano seront importés en France. Les archives du parlement de Paris, dont M. le comte de la Borde nous a fait connaître l'intérêt par des extraits cités dans la préface de l'inventaire qu'il en fait dresser, contiennent l'enregistrement de lettres patentes du roi Henri II, données, en l'année 1551, à Theseo Mutio, gentilhomme italien, pour faire dans le royaume « verres, miroirs, canons & autre espèce de verreries à la façon de Venise. »

Sous le règne de François Ier, le cristal de roche taillé était encore en usage.

*(N° 272 de l'Inventaire des bijoux de la Couronne, 1791.)*

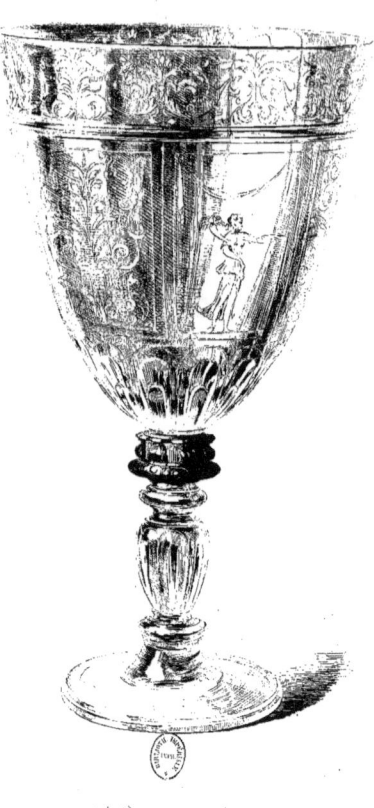

# COUPE DE JASPE ORIENTAL

ET

## VASE DE CRISTAL DE ROCHE

XVIᵉ SIÈCLE, RÈGNE DE FRANÇOIS Iᵉʳ

Hauteur de la coupe, 0ᵐ,130. — Hauteur du vase, 0ᵐ,093.

---

Le jaspe dans lequel sont taillés la tasse, le balustre & la patte de la coupe, est de couleur verte, avec des mélanges de tons pourpres & de nuances orangées. Le dessin que l'on voit sur la patte est gravé en creux.

Les montures sont d'or émaillé; d'or aussi sont les petites figures groupées qui sont placées sur le bord de la tasse ou coquille; elles représentent Neptune & Amphitrite; adroitement composées, elles sont ciselées avec finesse; toutes les chairs sont émaillées en blanc, mais les chevelures, le trident & la draperie sont conservés dans la couleur naturelle de l'or. Le rouge vif domine dans la coloration des ornements qui couronnent le balustre & il fait valoir les émaux clairs dont sont rehaussés les termes, les dauphins & les feuillages.

Le vase de cristal est taillé en forme d'œuf; le collet supérieur est rapporté. Quatre figures de femmes sont gravées sur le pourtour, elles représentent des vertus : celle que l'on voit appuyée sur un piédestal est une image de la Prudence; les trois autres sont la Force, la Foi, l'Espérance. La Force soutient les deux parties d'une colonne brisée; la Foi s'appuie sur une croix & tient élevé un calice; l'Espérance attache son regard sur des rayons lumineux qui s'échappent d'un nuage.

Les montures de ce petit vase sont d'or émaillé. Le cercle du collet n'a que quelques touches d'émail bleu incrustées dans l'or. Le cercle du pied est émaillé en blanc; les petits ornements qu'on y voit se découpent en or sur le blanc, & de place en place sont quelques points de couleur verte & d'autres d'un rouge sombre, pour simuler l'émeraude & le grenat.

(Nᵒˢ 267 & 478 de l'Inventaire des bijoux de la Couronne, 1791.)

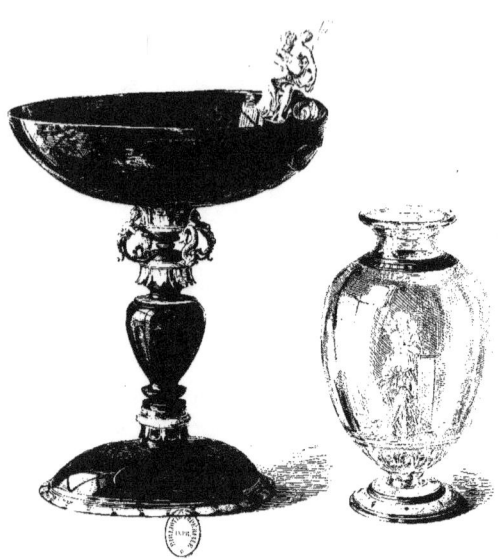

GEMMES ET JOYAUX.

# TABLE DES PLANCHES

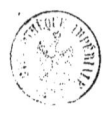

## DE LA PREMIÈRE PARTIE

|  |  |  | PLANCHES |
|---|---|---|---|
| Ve siècle. | Épée de Childéric Ier | | 1 |
| | Vase antique de sardoine. | | 2 |
| IXe siècle. | Épée de Charlemagne. | | 3 |
| XIIe | Calice de cristal de roche. | | 4 |
| XIIe — | Vase antique de sardonix. | | 5 |
| XIIe — | Vase antique de porphyre. | | 6 |
| XIIe | Vase d'Aliénor d'Aquitaine. | | 7 |
| XIIe — | Patène du calice de Suger. | | 8 |
| | Buire orientale de cristal de roche. | | 9 |
| XIIIe siècle. | Agrafe du manteau royal de saint Louis. | | 10 |
| XIIIe — | Bague de saint Louis. | | 11 |
| XVe — | Reliquaire. | | 12 |
| XVe | Drageoir de cristal de roche. | | 13 |
| | Vase antique de sardoine. | | 14 |
| XVIe siècle. | Bassin de cristal de roche. | | 15 |
| XVIe — | Épée de François Ier. | | 16 |
| XVIe — | Aiguière de cristal de roche. | | 17 |
| XVIe — | Vase de jaspe oriental. | | 18 |
| XVIe — | Hanap de cristal de roche. | | 19 |
| XVIe — | Coupe de jaspe oriental. | | 20 |
| XVIe — | Bouteille de cristal de roche. | | 21 |
| XVIe — | Coupe de jaspe. | | 22 |
| XVIe — | Drageoir de cristal de roche. | | 23 |
| XVIe — | Coupe de jaspe de Sicile. | | 24 |
| XVIe — | Drageoir de cristal de roche. | | 25 |
| XVIe — | Drageoir de jaspe oriental. | | 26 |
| XVIe — | Nef de cristal de roche. | | 27 |
| XVIe — | Salière de lapis-lazuli. | | 28 |
| XVIe — | Verre de cristal de roche. | | 29 |
| XVIe — | Coupe de jaspe oriental. | | 30 |

PARIS. — J. CLAYE, IMPRIMEUR, RUE SAINT-BENOIT, 7.

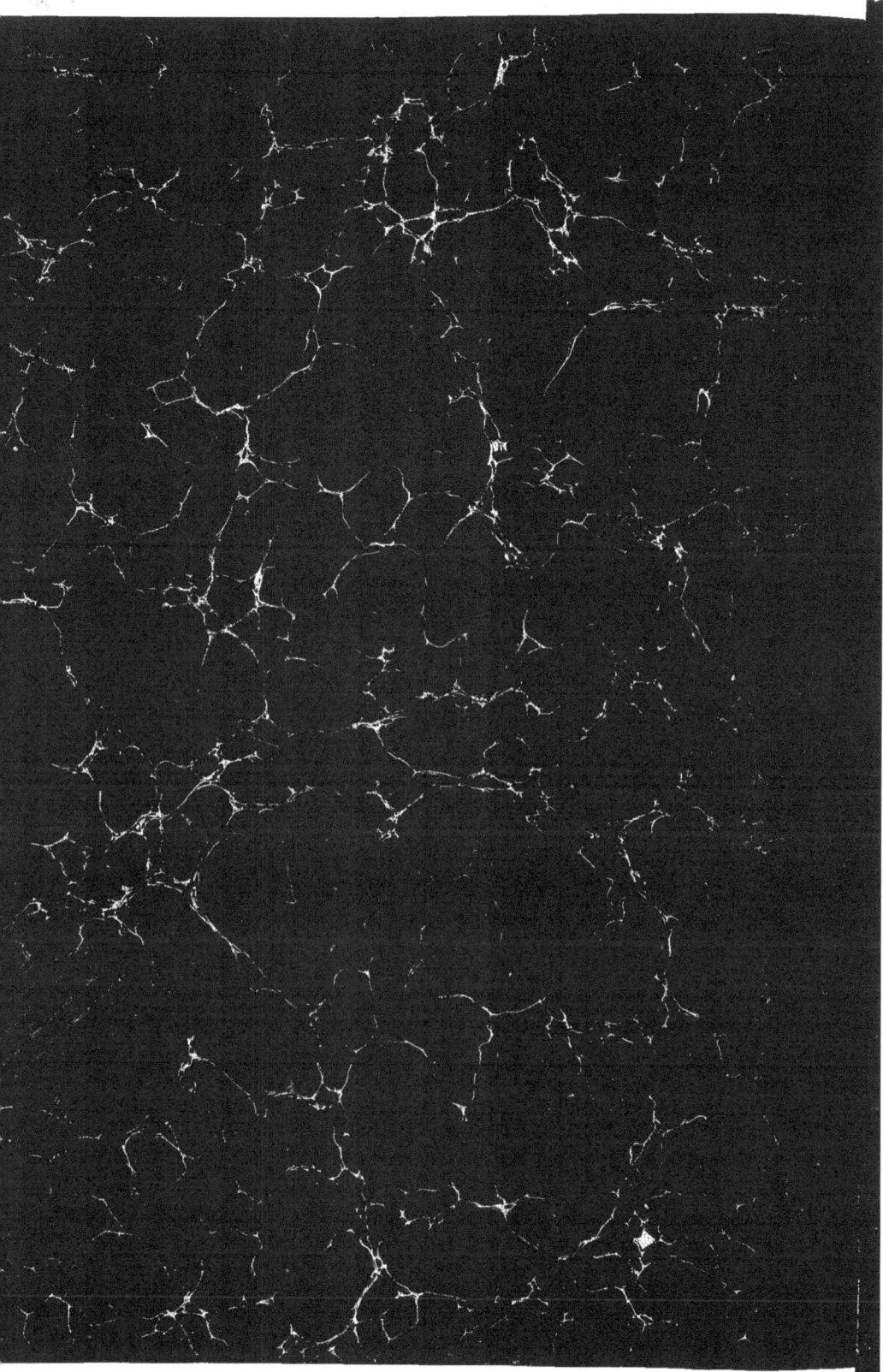

www.ingramcontent.com/pod-product-compliance
Lightning Source LLC
Chambersburg PA
CBHW070249230526
45470CB00002B/543